NOTICE

SUR

TIZI-OUZOU

NOTICE

SUR

TIZI-OUZOU

HISTORIQUE

CLIMATOLOGIE — CONSTITUTION MÉDICALE

PAR

M. le Dʳ GAVOY

MÉDECIN-MAJOR

ALGER

TYPOGRAPHIE VICTOR AILLAUD ET COMPAGNIE

1878

NOTICE

TIZI-OUZOU

NOTICE

SUR

TIZI-OUZOU

HISTORIQUE
CLIMATOLOGIE — CONSTITUTION MÉDICALE

PAR

M. le D' GÁVOY

MÉDECIN-MAJOR

ALGER

TYPOGRAPHIE VICTOR AILLAUD ET COMPAGNIE

1878

PRÉAMBULE

Au moment où Tizi-Ouzou devient un centre important, soit par l'accroissement de sa population, soit par ses relations commerciales avec Alger et Dellys, soit enfin par sa situation stratégique à l'entrée de la grande Kabylie, et son voisinage avec Bougie, j'ai cru devoir faire connaître, par une esquisse rapide, une ébauche à grands traits l'histoire de cette vallée, qui a livré passage tantôt à l'invasion des peuples de l'Orient, tantôt aux Vandales venant de l'Occident ; où nos armées ont soutenu de nombreux et sanglants combats, et, après de vaillants efforts, ont implanté le drapeau de la France au sommet du Jurjura, que n'avaient pu atteindre les aigles romaines ou le croissant bizantin.

Dès les premiers jours de la conquête de la grande Kabylie, des mémoires ont paru sur cette région toute nouvelle à la fois par l'aspect de ses montagnes, par les mœurs et les usages de ses habitants. Les uns ont étudié plus particulièrement la contrée et les productions du sol, d'autres n'ont envisagé que la climatologie et les maladies régnantes. Quelques-uns enfin nous ont laissé un travail d'ensemble sur ces deux questions si importantes au point de vue de la colonition, de l'acclimatement, de la prophylaxie des maladies, des ressources et des richesses que la contrée peut offrir à un centre de population européenne, ou à la colonie en général (1).

---

(1) Consulter à ce sujet : ANSELIN, médecin aide-major : Essai sur la topographie médicale de Bougie et le pays limitrophe. Thèse inaugurale, 1855,

Je n'ai pas la prétention de jeter des fils d'or et de soie sur ce canevas, les moyens dont je pouvais disposer ici ne me permettaient guère de tenter de longues études, de m'inspirer des recherches déjà faites. Aussi j'ai dû restreindre mon travail aux proportions d'une simple notice, rédigée d'après mes observations personnelles, d'après les renseignements que j'ai pu recueillir de quelques chefs kabyles, les souvenirs d'anciens colons, ou des communications gracieuses : je me hâte d'en témoigner tous mes remerciments à leurs auteurs.

Le caractère de ce travail ne comportant ni détails, ni études approfondies sur chacune de ses parties, je ne donnerai que des exposés sommaires, des épisodes écourtés sur les divers sujets qui sont relatifs au sol, ou qui se rattachent aux habitants.

La première partie comprendra donc l'étude du sol, son aspect physique, sa constitution géologique, le climat, les productions naturelles. La deuxième partie sera consacrée aux habitants, à l'histoire de la localité, aux eaux alimentaires, à la constitution médicale, à l'agriculture.

Je livre cette notice, cet ensemble de recherches, avec le désir d'intéresser ceux qui la liront, en leur racontant ce que j'ai appris, m'estimant pour très-satisfait si je puis participer à une amélioration de la localité ou à quelque modification utile.

Dʳ E. BERTHERAND : Médecine et hygiène des Arabes, 1855 : in-8ᵘ de 600 p.

Dʳ VEDRENNE, médecin-major : Climatologie de la grande Kabylie et topographie médicale de Tizi-Ouzou, Mémoires de médecine et de chirurgie des armées, 1859.

Dʳ LECLERC, médecin-major : Une mission médicale en Kabylie : 1863.

Dʳ CHALLAN, médecin aide-major : Hygiène des Kabyles, 1868.

CARRETTE : Mémoires de la Commission scientifique de l'Algérie.

Gᵃˡ DAUMAS : La grande Kabylie.

HANOTEAU et LETOURNEUX : La Kabylie et les coutumes kabyles : 1873.

Dʳ CLAUDOT, médecin-major : Topographie médicale de la grande Kabylie, Mémoires de médecine et de chirurgie des armées, 1874.

NOTICE

SUR

TIZI-OUZOU

—◦◦◦—

PREMIÈRE PARTIE

DESCRIPTION PHYSIQUE DU SOL

SOMMAIRE. — Situation et aspect de la contrée. — Géologie; sources minérales; hydrographie. — Climat; productions naturelles.

Tizi-Ouzou, chef-lieu d'arrondissement, est placé à 105 kilomètres sur la route d'Alger à Fort-National. Sa latitude septentrionale est de 36°, 42', 46" ; sa longitude à l'orient du méridien de Paris, est de 1°, 42', 54" ; son altitude de 200 mètres, au point culminant de la route à l'entrée du village.

Il est situé sur le versant méridional du Belloua jusqu'au pied du monticule sur le sommet duquel est bâti le fort de Tizi-Ouzou, à une altitude de 261 mètres.

Son territoire s'étend dans une vallée formée d'une multitude de mamelons arrondis, enceinte par des chaînes de montagnes élevées, et fermée au Nord,

par la chaîne des contreforts de Litama, du Kef Tar-
bant, du Kef Makouda, qui part du Bordj Sebaou,
ancien fortin turc en ruines, jusqu'aux monts des
Beni Ouaguenoun et Aïssa Mimoun ; au Sud, par le
massif montagneux occupé par les territoires des
Beni Raten, Beni Aïssi, Beni Zemenzer, Betrona et
Khalifa, appartenant aux contreforts du Jurjura ; à
l'Ouest, par la chaîne de montagne de Sidi Ali Bou
Nah, que baigne l'Oued Bou Guedoura, plus particulièrement connu sous le nom d'Oued el-K'seub.

Entre le Kef Makouda et le fort de Tizi-Ouzou, s'é-
lève la montagne du Belloua, de 710 mètres d'altitude, isolée, ovalaire, dont le plus grand diamètre
S.-E. N.-O. mesure environ huit kilomètres. Sa base
Sud descend en pente assez douce à la rencontre du
mamelon du fort, et forme ainsi un col dans lequel
sont assis les villages européen et indigène de Tizi-
Ouzou, mot kabyle signifiant col des genêts épineux. Ce col fait communiquer les plaines étroites
de Sikhen ou Meddour et de Dra Ben Khedda, qu'ar-
rose le Sébaou, principal cours d'eau de la Kabylie.

Il résulte de cette disposition, que ce territoire est
abrité des vents du Nord par le Belloua directement
et par la grande chaîne du Kef Makouda et des Beni
Ouaguenoun ; des vents du Sud, par les massifs des
Beni Zemenzer et des Mâatka ; des vents de l'Ouest,
par les montagnes des Flissa. Les vents n'ont donc
accès que par les trouées formées au S.-E. et au
N.-O. par le cours du Sébaou, et ne se font sentir
dans le village, que suivant la direction du col.

GÉOLOGIE

Toute cette contrée, s'étendant d'un côté à l'autre
de l'enceinte des hautes montagnes, formée par une

multitude de mamelons arrondis, séparés par des petits ravins inondés par les pluies d'hiver, est constituée par d'épaisses assises de marnes et d'argiles, reposant sur des bancs puissants de grès sableux, de calcaires et des couches de poudingues, plus ou moins grossiers, probablement en rapport avec le terrain cristallophyllien et le granit.

Cette constitution du sol, appartenant à l'étage moyen du terrain tertiaire, le *miocène inférieur*, est bien appréciable dans l'étude du mamelon sur lequel est bâti le fort et sur les flancs ravinés des montagnes environnantes.

Le sommet de ce mamelon est formé par une couche de marnes argileuses, jaune clair, compactes ou légèrement feuilletées, assez dures, reposant sur des grès calcarifères, des grès argileux bleuâtres, infiltrés parfois de calcaire spathique entre les fissures des bancs. Assez souvent, on trouve à la surface du sol dans toute la contrée, surtout vers le S.-O., des fragments de ce calcaire spathique. Au-dessous sont des poudingues, tantôt fins, tantôt grossiers, formés par des cailloux roulés de granit, de quartz pur, de diorite, de gniess, de schistes. La carrière qui est au-dessous de la porte d'Alger, est ouverte dans des grès sableux, des grès argileux, calcarifères plus bas, injectés de calcaire spathique entre les bancs. La carrière, placée en dessous du Redan de la porte de Bougie, montre des couches à peu près horizontales de poudingues, alternant avec des grès rougeâtres à éléments fins, parsemés de petits galets. Vers le milieu de la carrière se trouve un bloc de gros amas de quartz, qui pourrait être rattaché à un granit éruptif en décomposition. Ces blocs de quartz émergent dans la cour du quartier, au milieu de grès sableux.

En descendant vers la route de Fort-National, on

trouve des bancs de poudingues grossiers et de grès sableux, en stratification horizontale ou inclinant au S.-E. Sur les bords de la route, on voit le gneiss soulever cette épaisse couche de poudingue, disposition très manifeste à la petite source ; en cet endroit la route a été creusée dans le poudingue, et repose sur le granit, qui affleure sur une large étendue. De l'autre côté de la route, le poudingue forme cette grande masse rocheuse sur laquelle est bâtie la fontaine turque.

Un peu plus bas, sur la route, les poudingues sont recouverts par de la molasse, qui passe au grès sableux un peu plus loin.

Cette formation, ainsi que la disposition des couches, est nettement déterminée par les diverses carrières que l'on a ouvertes depuis le sommet du Kef Nadja jusqu'à la route.

Les carrières qui limitent l'autre côté de la route, sont taillées dans des grès sableux, calcarifères, reposant sur des grès argileux bleuâtres et des schistes. Un peu plus haut apparaissent des poudingues divers, formant les lits des ruisseaux, qui entourent la fontaine turque.

En remontant la pente du Belloua, on trouve bientôt le terrain cristallophyllien ; des blocs de gniess et de micaschistes talqueux, font saillie dans le village indigène et sur les premières pentes abruptes de la montagne. Vers la partie basse du flanc de la montagne, au Nord-Ouest du village indigène, une vaste carrière est creusée dans le grès calcarifère. A l'entrée de la carrière, un banc épais de molasse s'appuie sur le terrain cristallin, incliné vers le Sud-Est, formé par alternance de couches de grès, de marnes fossiles et de calcaire sableux. Au-dessus, est une énorme masse de poudingues, de conglomérats, pétris de galets, provenant des roches cristallines et sédimentaires, unies par un ciment marneux très ferrugineux. La route qui conduit à cette carrière est couverte de ces débris, formant des galets de quartz, de diorite ou de beau jaspe rouge. Sur ces poudingues, en stratification discordante, reposent des grès sans trace de fossiles, portant quelques empreintes de végétaux.

En montant plus haut, vers le sommet du Belloua, on trouve une même disposition rocheuse, des poudingues grossiers, des micaschistes et des gniess. Le versant nord se présente sous le même aspect.

Ainsi, vers le Nord-Ouest, le gneiss forme de puissantes couches en stratification assez régulières. Il sert de lit à un grand ruisseau qui descend en cascade de strates en strates sur une longueur de près de 200 mètres. En certains endroits, le gneiss passe aux phyllades et forme une crête qui descend jusqu'au Sébaou ; plus loin, il se compose de gros cristaux de Feldspath, et prend un aspect granitoïde en face le Kef Makouda. Plus à l'Est, dans la gorge, on rencontre une énorme masse de granit éruptif en forme de pyramide.

Ces roches sont constamment en rapport avec des assises discordantes de micaschistes et des grès calcarifères métamorphiques. Ces micaschistes de couleur bleue, traversés par des filons de quartz, inclinés vers le Sud, forment le lit du Sébaou dans toute la longueur de la gorge. Vers le premier tournant de la rivière, ils sont recouverts par des grès contenant des filons de pyrite de fer, situés en stratification discordante.

Les montagnes de Bouhinoun et de Betrona présentent une constitution identique. Au-dessous de Bouhinoun, le granit éruptif forme des pitons, des dentelures nombreuses, recouvertes de grès sableux. Ce granit renferme de gros amas de quartz, des tourmalines et des grenats sur les mamelons de Betrona et au ravin de l'Oued Sebt.

Une coupe partant du Belloua allant rejoindre les Beni Zemenzer, en passant par le mamelon du fort, se présenterait ainsi : A marnes argileuses à la superficie, B grès sableux, calcarifères et argileux, C poudingues fins et grossiers en stratification discordante avec les micaschistes et le granit éruptif. (Voir la coupe des terrains.)

SOURCES MINÉRALES

Le pays ne renferme pas, à proprement parler, de sources minérales. La plupart des ravins possèdent quelques filets d'eau minérale, quelques sources ferrugineuses ou sulfureuses, mais leur débit et surtout leur faible degré de minéralisation ne permettent pas de les utiliser.

HYDROGRAPHIE

Les montagnes qui entourent cette contrée, présentent en général un aspect un peu triste, dû en grande partie à leur charpente formée de roches cristallines, de grès, de micaschistes, et au défrichement par les cultures. Leurs crêtes ou leurs cimes servent d'assiette à quelques villages indigènes, ressemblant à des nids de cigogne sur le sommet d'une cheminée. Autour, le sol est dénudé par les cultures des céréales, et couvert de quelques arbres épars, oliviers ou orangers.

Les flancs de la montagne sont découpés de champs

de cultures et de massifs d'oliviers, de figuiers ; le bord des ravins et les pentes abruptes sont couverts de fourrés de lentisques, de genêts épineux, de quelques frênes, de micocouliers et de myrtes. Toute cette végétation peu élevée, peu vigoureuse, éparpillée dans les cultures, donne à la montagne une apparence d'aridité d'autant plus manifeste que l'on se rapproche davantage de l'époque des moissons.

Pendant quelques mois de l'année, la vallée, couverte d'une luxuriante moisson, fait oublier la montagne ; mais après la moisson, le sol est entièrement nu, sec, torréfié, sillonné de crevasses nombreuses et profondes et augmente encore l'aspect aride du paysage. Les montagnes paraissent alors recouvertes d'un vieux manteau de verdure tout rapé, tombant en guenilles.

Dans de telles conditions, le pays devait nécessairement manquer d'eau. En effet, la vallée entière n'a pas une seule source. Elle est traversée par quelques cours d'eau, presque tous à sec pendant l'été, qui prennent leur source dans les massifs des contreforts jurjuréens. Parmi ces cours d'eau, il en est un très-important, le Sébaou, qui transporte à la mer toutes les eaux du versant Nord du Jurjura. Il est formé par deux ruisseaux, qui descendent du Jurjura et se réunissent vers la mosquée de Boubehir. De ce point, le Sébaou coule du Sud au Nord dans les contreforts jurjuréens sous le nom d'Oued-Boubehir. A sa sortie des contreforts, il s'incline directement de l'Est à l'Ouest jusqu'à sa rencontre avec l'Oued-Aïssi et les mamelons constituant le col de Tizi-Ouzou, qui le détournent de son cours. Il s'infléchit alors vers le Nord, s'engage dans une immense scissure entre le Belloua, rive gauche, et l'Erbourd (Djebel Akaoudj), rive droite, dont les flancs sont taillés à pic. A son entrée dans la gorge, lé Sébaou coule sous une altitude de 91 mètres ; les sommets de ces deux pitons atteignent : le Belloua, 710 mètres, l'Erbourd, 600 mètres.

Après un cours sinueux de 5 kilomètres environ, la gorge se développe brusquement sur la rive droite en une vallée mamelonnée. Le Sébaou reprend sa direction de l'Est à l'Ouest en face le Kef Makouda, en suivant la base du Belloua jusqu'à l'embouchure de l'Oued bou Guedoura ; puis se dirige vers le Nord en contournant l'ancien Bordj Sébaou, et se jette dans la mer à six kilomètres, environ, à l'Ouest de Dellys. Dans son trajet, il est parfois désigné sous les noms d'Oued Amraoua, d'Oued Nessa (rivière des femmes), d'Oued bou Beurrag, suivant les territoires qu'il traverse ; mais son nom générique de Sebaou lui est partout conservé. Son cours est divisé en haut Sebaou et en bas Sebaou.

En atteignant les mamelons de Tizi-Ouzou, le Sebaou détourne son cours, pénètre dans la gorge, et contourne la base du versant Nord du Belloua jusqu'à Litoma ; il décrit par conséquent un arc de cércle passant derrière le Belloua, dont le *col* de Tizi-Ouzou représente *la corde*. Cette disposition est importante à noter au point de vue de la constitution médicale.

Ce col, de 9 kilomètres environ, est traversé du N.-O. au S.-E. par la route d'Alger à Fort-National, qui touche au village de Bou Khalfa, de colons Alsaciens, gravit à l'entrée du village européen de Tizi-Ouzou son point culminant de 200 mètres d'altitude, et descend ensuite dans la vallée du haut Sebaou vers Sikhen ou Meddour à 107 mètres d'altitude.

Le Sebaou est un torrent impétueux pendant la saison des pluies. Divisé dans son lit en un grand nombre de cours d'eau, il n'est ni navigable, ni flottable. Il reçoit sur la rive gauche l'Oued Aïssi près de Sikhen ou Meddour, à l'Est de Tizi-Ouzou, qui apporte les eaux des contreforts de Fort-National, et l'Oued bou Guedoura, près de Dra ben Khedda, formé par les ruisseaux torrentueux qui amènent les eaux du Jurjura, depuis l'arête de Tizi-N'tleta à celle de Tizi-R'ennif.

Il faut citer encore deux ruisseaux qui descendent des Beni Zemenzer et des Maâtka, presque toujours à sec pendant l'été, mais qui submergent les terrains environnants pendant les pluies abondantes de l'hiver et du printemps. Ce sont l'Oued Medouah, qui se jette dans le Sebaou avant son entrée dans la gorge, et l'Oued Sebt, qui atteint le Sebaou à l'Ouest du Belloua dans la plaine de Dra ben Khedda.

Les affluents de la rive droite ont un cours très-peu étendu. Ils sont de peu d'importance, et presque toujours à sec pendant l'été.

CLIMAT

Le climat de Tizi-Ouzou appartient aux climats chauds tempérés. Le thermomètre varie de 0°, point le plus bas, à 46° point le plus élevé. La température moyenne annuelle est de 30°,87 maxima, et de 13°,24 minima, formant une moyenne générale de 21°,8. La hauteur moyenne du baromètre réduit à zéro est de 0,732.

Les chaleurs y sont hâtives. Pendant les mois de mai, juin et septembre, la température est très-élevée et devient excessive pendant les mois de juillet et août. Les observations météorologiques de l'hôpital militaire au Fort, donnent un maximum de 35° à 39° pour ces trois premiers mois, un maximum de 42° à 46° pour les mois de juillet et août. Ces fortes chaleurs, qui feraient de Tizi-Ouzou un des points les

plus chauds, sont compensées par un grand abaisse-
ment de la température pendant la nuit. A l'époque
des chaleurs excessives, le thermomètre minima ne
dépasse pas 25°, ce qui donne une amplitude maxima
dans 24 heures de 20° à 25°, pour les deux mois les
plus chauds de l'année. Les mois les plus froids sont
ceux de janvier, décembre, février et novembre. La
température maxima varie de 16° à 26°, la température minima de 2° à 13, l'amplitude maxima de 24 heures est encore de 10° à 16°.

Le pluviomètre donne une moyenne annuelle de
0m,735, ce qui indique des pluies assez abondantes.
Elles commencent en effet à l'automne, durent pendant tout l'hiver, deviennent continues pendant le
printemps, et cessent vers le mois de juin. En été,
il y a quelques orages, mais rarement suivis de la
chute d'une quantité notable de pluie. Généralement
ce sont d'épais nuages sombres avec éclairs et éclats
de tonnerre, qui succèdent à un violent siroco. Ils se
dissipent après quelques gouttes d'eau, insuffisantes
pour humecter le sol.

On se rend facilement compte de ce phénomène en
se rappelant que le sol de la vallée, entièrement dénudé, est en quelque sorte porphyrisé par un soleil
ardent ; que les versants des montagnes, formés de
roches cristallisées à peine couvertes d'une maigre
végétation en lambeaux, sont suréchauffés et doivent
par conséquent réfléchir un air chaud et sec, capable
de s'opposer à la condensation de la vapeur d'eau,
qui forme ces nuages. L'orage, chassé par les vents,
passe sans donner de pluie, à moins qu'il ne rencontre un courant supérieur d'air froid, qui fasse résoudre ces nuages.

Au printemps, en automne et en hiver, les pluies
sont quelquefois torrentielles; il n'est pas rare alors

de voir tomber de 20 à 30 millimètres d'eau dans l'es-
pace d'une à deux heures : elles succèdent toujours à
une ondée à larges gouttes, accompagnée de grands
fracas de tonnerre, précédés d'éclairs éblouissants et
très-étendus. Lorsque l'orage survient pendant la nuit,
le spectacle est grandiose, saisissant. Chaque éclair
emplit la vallée et les montagnes d'une vive lumière ;
le ciel, couvert d'épais et sombres nuages, est sillonné
par de nombreux éclats de la foudre, qui lance au
sommet des montagnes des traînées de feu semblables
à une étoile filante ou à une fusée volante retombant
en gerbes étincelantes.

Les vents dominants sont ceux qui arrivent par le
cours du Sébaou, en suivant la direction de l'O. à
l'E. ou du S.-E. vers le N.-O. et passent directement
dans le col. Les vents du N. ou du S. sont arrêtés par
les chaînes des hautes montagnes et occasionnent
dans la vallée une sorte de remous. Les vents du
S.-O. arrivent par la dépression des montagnes à
l'angle des Beni Khalifa et des Flissa, et s'engouffrent
vers le haut Sebaou. Ils suivent, comme les vents du
N.-O., la direction du col.

C'est de ce point qu'arrive le plus souvent le
siroco. Dès l'aurore, cette partie de la montagne est
vaporeuse à l'horizon ; elle disparait ensuite dans une
sorte de brume, qui gagne de proche en proche : le
siroco ne tardera pas alors à se faire sentir.

PRODUCTIONS NATURELLES

1° *Végétales*.—La vallée, formée d'argiles et de marnes, est entièrement livrée à la culture du blé, de
l'orge, du Bechna ou du dra (*sorghum vulgare et
pennicillaria spicata*) : pendant l'hiver et le printemps, la végétation y est luxuriante et disparait avec

les chaleurs. En été, on voit quelques champs de bechna, qui pousse assez bien sur certains revers des mamelons, mais reste maigre et rabougri sur d'autres. Leur teinte verte passe rapidement au jaune paille. Entre les mamelons, quelques ravins, ayant parfois une grande largeur, forment des prairies naturelles jusqu'aux grandes chaleurs. Le terrain y est fangeux, mais il se dessèche rapidement après la coupe du fourrage.

Les versants des contreforts sont en grande partie occupés par la culture. On y trouve de la vigne, qui vient très bien et donne de bons vins peu colorés, mais chargés en alcool; des vergers de figuiers, d'orangers, des arbres fruitiers, des massifs d'oliviers; sur les pentes abruptes poussent le chêne doux, des frênes, des micocouliers, des grenadiers.

Aux céréales se mêlent un grand nombre de plantes étrangères. Ce sont des graminées, des ombellifères, des composées. Les principales espèces de la flore que l'on rencontre, sont : le garou, les scilles, le glayeul, le colchique, le cyclamen europeum (pain des pourceaux), la petite centaurée, l'anagyris fœtida, l'aristoloche, la bourrache, les cystes, les menthes, la lavande, des solanées, des euphorbiacées, des bruyères, du buis, des fougères.

2⁰ *Animales.* — Le manque de prairies et de forêts s'oppose à l'élevage en grand des bestiaux. On ne voit des troupeaux de bœufs ou de moutons, que dans la partie élevée des contreforts, vers le Jurjura, et encore ces animaux sont achetés en grande partie à l'extérieur. Les chèvres sont en petit nombre, de petite taille et mauvaises laitières. On fait quelques chevaux dans les tribus, mais principalement des mulets, très utiles pour ce pays de montagnes, à pentes rapides, le plus souvent ravinées.

La faune est peu riche en espèces. La plus commune est le chacal. Dès le crépuscule il vient en troupe rôder jusqu'aux abords des maisons d'habitation, remplissant la vallée de glapissements, auxquels répondent les aboiements des chiens de garde. En été, il ravage les vignes et les vergers; pendant l'hiver, on lui fait une chasse assidue dans un but de destruction, et, aussi, pour avoir les peaux, que les Kabyles vendent aux colons environ 1 franc, pour confectionner des tapis, des manteaux. Viennent ensuite les sangliers; ils habitent les maquis des ravins, des bords des cours d'eau, ou des pentes escarpées : dans certains endroits de la montagne, ils sont en nombre considérable, et occasionnent de grands dégâts dans les cultures. Les Kabyles apportent souvent des mangoustes de Numidie, vulgairement appelées ratons, des genettes, des putois, le caracal ou lynx de Barbarie, le renard doré : ces animaux s'abritent dans les fourrés de lentisques, de genets épineux, d'arbousiers des ravins. — Le chat sauvage, le hérisson, le porc-épic se rencontrent dans les broussailles des bords de cultures sur le bas des contreforts. Ajoutons l'hyène et quelques panthères.

Parmi les rapaces, on ne voit guère que le percnoptère vulgairement appelé vautour charognard, qui accourt en bande les jours de marché. Ce sont les plus hâtifs, les plus zélés et les plus certains agents de la voirie ; dans beaucoup de localités, ici par exemple, on compte absolument sur leurs soins pour débarrasser le coin du marché où se font l'abattage et le morcellement des animaux.

Les hirondelles arrivent vers la fin d'avril et s'en vont en septembre, mais leur nombre est insuffisant pour protéger les habitants contre les nuées de moustiques, qui, en une nuit, rendent parfois une personne méconnaissable. Vers la même époque, apparaissent les cigognes, qui quittent un peu avant les hirondelles ; elles font leurs nids sur les gourbis. Des volées de guépiers traversent les massifs d'oliviers ; l'alouette remplit la campagne de son chant matinal.

Le gibier n'est pas abondant parce qu'il ne trouve pas de remises. Les chaumes et les ombellifères, qui persistent après l'été dans la vallée, abritent des cailles et quelques poules de Carthage vers le haut Sébaou. Les cailles arrivent à peu près en même temps que les hirondelles. Sur le bord des versants de la montagne, parmi les oliviers, dans les broussailles des ravins ou dans les chaumes, on rencontre des perdrix, des grives, quelques lièvres, des bécasses pendant l'hiver. Les marécages, formés par les débordements des ruisseaux, contiennent un grand nombre de bécassines, de râles de genêts.

Les affluents du Sébaou, torrents impétueux à la saison des pluies et à la fonte des neiges du Jurjura, charrient à cette époque, une grande quantité de matières marneuses, qui s'opposent à l'existence de toute espèce de poisson. Cependant, certains ruisseaux ont de belles eaux vives qui paraîtraient favorables aux truites. Le bas Sébaou, à cause de la grande quantité d'eau qu'il renferme dans certaines cuvettes, contient quelques anguilles, des barbeaux, des ablettes et des aloses.

Dans la campagne, surtout du côté de Bou Khalfa, on trouve beaucoup de tortues, quelques ruisseaux en renferment également. Il n'y a pas à proprement parler d'ophidiens venimeux. On rencontre très souvent l'orvet, la couleuvre verte et jaune, la couleuvre vipérine, des grenouilles et des crapauds en quantité considérable et du plus bel embonpoint.

DEUXIÈME PARTIE

HABITANTS

SOMMAIRE. — Histoire et description de la localité. — Eaux alimentaires. — Population. — Constitution médicale. — Divisions administratives; voies de communication; agriculture; industrie; commerce; curiosités; justice.

Historique. — Le territoire de Tizi-Ouzou occupe à peu près la partie centrale du pays des Amraoua, ainsi qu'il a été créé par les Turcs. Sa disposition, en forme de vallée s'ouvrant du golfe de Bougie sur Alger, sa fertilité remarquable, semblaient le prédestiner à servir de route à toutes les invasions, ou de théâtre à toutes les luttes.

Les premiers habitants furent probablement quelques fractions de colonies phéniciennes établies sur le littoral. A une époque qu'on ne peut déterminer, des peuplades asiatiques envahirent le Nord de l'Afrique. Les Perses se mêlant aux premiers habitants, formèrent les tribus nomades ; les Gétules se confinèrent dans les hauts plateaux de la chaîne de l'Atlas, et constituèrent une peuplade, qui conserva son caractère primitif en repoussant toute alliance extérieure. Ce furent les Berbères, *Barbaroï* des Grecs, Barbari des Romains, que nous appelons aujourd'hui Kabyles (*).

(*) Ce nom vient probablement du mot *Kabal* (antérieur) ou peuple antérieur à tous les autres dans le pays. Cette étymologie a été donnée à M. Védrennes par M. Bulad, interprète d'Abd-el-Kader.

Vers l'an 800 avant J.-C., Jarbas, leur chef, voulut épouser Didon, qui venait de fonder Carthage ; il fut repoussé par cette princesse, qui préféra se donner la mort. Trois siècles plus tard, la colonie phénicienne avait acquis assez de puissance pour étendre sa domination sur tous les peuples du littoral et refouler les Berbères dans les montagnes. Carthage, maîtresse de la plus grande partie des continents que baignent la Méditerranée et l'Océan, succombe devant Rome sa rivale. Scipion la détruit de fond en comble, l'an 146 avant J.-C., et implante les aigles romaines sur le sol africain. A la mort de Jugurtha, (an 105 avant J.-C.), roi des Numides vaincu par Marius, toute l'Afrique septentrionale passe sous la domination des Romains, qui y ont laissé de nombreuses traces de leurs établissements.

Carthage, après avoir abrité sous ses ruines les ruines de la grandeur de Marius, se relève sous Jules César et sous Auguste, devient la capitale du royaume du Vandale Genseric, qui y transporte les richesses de Rome vaincue et pillée à son tour (an 155). Que durent alors penser des destinées humaines les mânes de Caton le censeur — *Delenda est Carthago !*

En l'an 535, Justinien envoie contre les Vandales le grand Bélisaire, ce remarquable exemple de l'ingratitude des grands. Il s'empare de Carthage, repousse les Vandales dans les montagnes, où l'on trouve encore quelques types reconnaissables à leur barbe rousse et à leurs yeux bleus, et amène leur roi Gèlimer à Constantinople, pour servir d'ornement à son triomphe.

Ainsi tomba l'empire vandale. L'Afrique retourne à l'empire d'Orient. Carthage, de nouveau florissante sous l'empire Byzantin, est de nouveau rasée par les

Arabes de la première invasion. — Quelles admirables leçons sur l'instabilité des choses humaines dans ces quelques pages de l'histoire !

La nationalité arabe se relève ; les Hammadytes fondent le Royaume de Bougie ; elle atteint son apogée sous la dynastie des Almoravides, qui étendent leur domination pendant les XIe et XIIe siècles sur toute l'Afrique, l'Espagne, le Midi de la France. Elle périclite et s'écroule sous la dynastie des Almohades, 1269.

Trois principautés se partagent le vaste empire du Nord de l'Afrique. Les Méridines (Beni Merin), se constituent la souveraineté du Maroc ; les Zeynides (Beni Zian), occupent toute l'Algérie actuelle, avec Tlemcen pour capitale ; les Hassides (Beni Hafis) forment la principauté de Tunis. Les principautés de Tunis et de Tlemcen se livrent, pendant quatre siècles, des luttes sans nombre ; affaiblies par ces guerres intestines, elles ne peuvent se défendre contre les Espagnols qui s'emparent de Ténès, Alger, Mostaganem, Bougie, Tunis. Ces villes sollicitent l'appui de deux corsaires, les frères Barberousse, Barba Aroudj et Kaïr ed Din, fils d'un renégat de Lesbos. Ces deux aventuriers chassent les Espagnols, s'emparent de ces villes et de leurs territoires : en 1516, Aroudj détrône et tue le cheik d'Alger, Selim Entemi, qui l'avait appelé à son secours, et tente d'agrandir sa domination. Les Arabes se joignent aux troupes de Charles-Quint, attaquent Aroudj, qui est vaincu et tué à Tlemcen. Son frère Kaïr ed Din, lui succède en se déclarant le vassal de Soliman II. Sous cet homme extraordinaire, Alger devint le siège de cette république religieuse et militaire, élevée contre la Chrétienté : il est le Chef suprême de ce terrible gouvernement, l'Odjac d'Alger ; il tient en échec André Doria, amiral de Venise, et les flottes de Charles-Quint ; voit baisser devant lui le pavillon de François Ier, qui sollicite son alliance.

A cette époque, la vallée du Sebaou s'était détachée du royaume Sarrazin de Bougie, passé sous la domination des Turcs, et luttait contre leurs envahissements, sous les ordres de Si Ahmed ben el-Kadhi, relevant du Sultan de Tunis. Les habitants occupaient les crêtes ou les cimes des montagnes ; ils descendaient dans la vallée au moment des labours pour cultiver le sol, qu'ils considéraient comme appartenant à celui qui savait le défendre, et se livraient de sanglants combats au moment des récoltes. Les vaincus étaient impitoyablement pillés ; ensuite, tous regagnaient leurs villages jusqu'à la saison prochaine.

Ces habitudes de pillage et les fréquentes incursions que ces montagnards faisaient chez leurs voisins, amenèrent un conflit avec les Turcs. Kaïr Eddin, Pacha d'Alger, attaque Si Ahmed ben El-Kadhi et le bat dans les gorges de l'Oued bou Guedoura, mais il regagne aussitôt Alger, sans tirer parti de sa victoire.

Le Bey de Koukou (*) envoie le cheik bou Khetouch exercer, pour son compte, l'autorité sur la vallée du Sebaou. Celui-ci, pour s'opposer aux incursions des Kabyles, établit des postes sur différents points dominants de la vallée, permettant une défense facile par leur situation. Ces postes furent bientôt occupés

---

(*) Koukou est aujourd'hui le nom d'un petit village situé chez les Beni Yabia, confédération des Zouaouas. De ce dernier nom vient le mot français Zouaves, parce que les premiers bataillons furent formés en grande partie par les enrôlés de cette tribu (Védrennes).

On y conserve, dans une jarre, de la poudre qui aurait été faite par le Marabout Sid Ali ou Taleb, à la fin du XVIe siècle. Elle doit délivrer le pays lorsque ses bonnes qualités seront assez développées. (Hanoteau et Letourneux.)

par des étrangers accourus de toutes parts dans l'espoir d'obtenir des terres, et devinrent les noyaux de villages de guerriers. Cette population, formée d'éléments si divers, fut désignée sous le nom de tribu des Amraoua (Ameurou El-Bled : on a peuplé la terre). Chaque poste reçut toutes les terres qui lui convenaient, à la seule condition de les défendre contre les montagnards et de payer au Bey de Koŭkou les contributions Zekkat et Achour (sur les bestiaux et la propriété). Le Pacha Kaïr Ed-Din était mort en 1546, en laissant la réputation du plus grand marin de son siècle. Ses successeurs établirent définitivement la domination des Turcs dans tout le pays de l'Isser et gouvernèrent, à Alger, sous le titre de Dey, pour le compte du gouvernement Ottoman. Le voisinage de la population militaire des Amraoua fit naître de nouveaux conflits qui amenèrent, pour la deuxième fois, les troupes Turques sur les bords du Sebaou.

Le Bey Mohammed (Ed-Debbah l'égorgeur), accompagné d'un nombreux Maghzen arabe (garde), pénétra dans la vallée, et, après des alternatives de succès et de revers, obtint la soumission des Amraoua, de quelques tribus Kabyles et s'établit à l'entrée de la vallée où il fit élever le bordj Sebaou en 1718, sur un mamelon que contourne le Sébaou, et dont les ruines se voient encore de fort loin, depuis la route d'Alger à Fort-National.

Pour affermir sa conquête et la protéger contre les Kabyles, il organisa en Zmalas, commandées par des Cheiks sous les ordres d'un Caïd Turc résidant au bordj, son Maghzen et les villages des Amraoua : il distribua à chaque Zmala toutes les terres occupées ou inoccupées, sans autre imposition que l'engagement de mettre leurs armes et leur personnes au service des Turcs à toute réquisition.

Ces nouveaux établissements excitèrent l'animosité et la convoitise des montagnards, les luttes devinrent incessantes. Ali, Dey d'Alger, envoya le Bey Mohamed organiser une expédition contre les Kabyles. Il fit construire un bordj sur les hauteurs de Tizi-Ouzou pour servir de magasins d'approvisionnement et abriter une petite garnison sous les ordres du Caïd du Sebaou.

Le sort des armes paraissait devoir lui être favorable lorsqu'il fut tué à Tala-Amra, au centre des Beni-Raten, par un soldat qui lui tira, dans le dos, un coup de fusil chargé avec des pièces d'argent, 1746. — Une croyance superstitieuse le disait invulnérable au plomb et au fer. Ce soldat était un Algérien dont les frères avaient été massacrés par ordre du Bey. La retraite fut couverte par la cavalerie des Amraoua ; les Turcs gagnèrent Tizi-Ouzou et le Bordj-Sebaou. Le corps du Bey Mohamed fut inhumé sous une koubba monumentale, construite sur un mamelon qui domine le tournant de la route, à l'entrée de la vallée du Korso.

En ce moment apparaît une famille, originaire des Beni-Harballah, destinée à jouer un grand rôle dans le pays, la famille des Ouled ou Kaci, venue de l'est au temps du royaume de Bougie. Les Ouled ou Kaci s'installèrent à Tamda-el-Blath et à Mekla sur les bords du Sebaou ; ils s'allièrent avec les Kabyles contre les Turcs, et se firent remarquer par leur valeur guerrière dans la guerre soutenue pour l'indépendance du pays. Le bordj de Tizi-Ouzou devient l'objectif de leurs attaques. Une autre famille, installée à Taourga, venue dans le pays à la suite des Turcs, celle des Ouled-Mahieddin, contrebalance l'influence des Ouled ou Kaci.

Ces deux familles rivales se livrent des combats

incessants ; pendant près d'un siècle, la vallée du Sebaou est un vaste champ de bataille.

Lorsque l'Emir El-Hadj-Abd-el-Kader fut parvenu à rallier à sa cause les tribus riveraines du Sebaou, pour faire cesser ces luttes de suprématie entre les deux familles, il divisa la vallée en deux aghaliks : celui du haut Sebaou fut donné à Belkassem ou Kaci, celui du bas Sebaou à Omar-ben-Mahieddin. Ces deux aghaliks étaient sous la direction d'un khelifa résidant à Bordj-Sebaou, Ahmed-ben-Salem, personnage de noblesse religieuse. Mais Omar-ben-Mahieddin ne put longtemps supporter le joug du khelifa : il lui suscita des troubles et des embarras, qui nécessitèrent la présence des troupes de l'Emir.

Les troupes Francaises s'étendant vers le sud d'Alger, l'Emir se hâte de concilier les partis et marche à leur rencontre avec les contingents des Amraoua. Ahmed-ben-Salem est battu à l'entrée de la plaine de la Mitidja, le 27 octobre 1842. Après une longue guerre d'escarmouche, Si Mohamed-ben-Mahieddin fait sa soumission au Maréchal Bugeaud, qui le nomme khelifa du Sebaou, pour l'opposer à Ben-Salem. A partir de cet instant, la domination Française a pénétré sur les rives du Sebaou. Lamdani parent d'Omar-ben-Mahieddin, Agha des Amraoua inférieurs, fait sa soumission le 17 mai 1844. Ahmed ben-Salem se soumet à son tour, le 2 février 1847, et entraine celle de Belkassem ou Kaci : le Maréchal crée pour ce dernier le Bach-Aghalik du Sebaou qui fut supprimé en février 1864. Une petite colonne commandée par le général Cuny relève le bordj de Tizi-Ouzou pillé et dévasté par les Kabyles en 1830, et y installe Belkassem ou Kaci.

Le pays semble pacifié jusqu'en 1851, qui voit recommencer la lutte contre les Flissa et les Maatka soulevés par Bou Barla ; le général Cuny les bat près d'Aïn Faci. Belkassem ou Kaci nous seconde vaillamment et meurt en 1854, en laissant le titre de Bach-Agha à son frère Mohamed ou Kaci. Ahmed, fils de ce dernier, devient Caïd des Amraoua-Fouaga. Tous les deux servent énergiquement la cause Française.

En 1852, le général Bosquet pousse une reconnaissance jusqu'au Sebaou ; sa colonne est prise dans les neiges et obligée de battre en retraite.

En 1856 et 1857 les luttes deviennent plus vives. Le général Deligny installe un camp, sur les contreforts sud-est du Belloua, au-dessus du Chabet-el-Kebira ; les rampes et les terrasses qui existent encore en assez bon état, indiquent des travaux considérables qui durent donner à ce camp l'aspect d'une petite ville. Un deuxième camp, dit *Camp-des-Turcos*, fut placé sur le Kef-Nadja à l'Est du bordj. Les colonnes Françaises, appuyées du goum des Amraoua, réduisent les Beni-Ouaguenoun, attaquent les Kabyles des Beni-Raten, secondés par un fort contingent des Amraoua-Fouaga. Mohamed Amokran, fils de Bel-Kassem ou Kaci, rallie ce contingent et obtient pour eux l'aman, février 1857.

Les soulèvements incessants des montagnards de la Kabylie, et principalement des Beni-Raten, étant une perpétuelle menace, le Maréchal Randon fait construire le fort de Tizi-Ouzou et prépare une nouvelle expédition.

Le 9 mai, le Maréchal se met en marche à la tête de 35 mille hommes, formant trois divisions, qui viennent camper au pied des contreforts de Mekla à Sikhen ou Meddour. Le 24 mai, il pénètre chez les Beni-Raten, le général Mac-Mahon les écrase dans un sanglant combat à Icheriden, enlève le village d'Aguemoul, aide le général Renaud à soumettre les Beni-

Menguellal et bat, de concert avec le général Yusuf, les contingents des Beni-Touragh.

Après 60 jours de combats sanglants, la Kabylie du Jurjura est définitivement conquise. Elle avait repoussé la domination des Carthaginois, des Romains, des Byzantins, des Arabes et des Turcs.

Pour assurer notre domination, les troupes construisent, sur le plateau central des Beni-Raten, une place de guerre, le Fort-Napoléon aujourd'hui Fort-National. Altitude 960 m.

On rapporte qu'un Amin s'approcha d'un officier dirigeant les travaux de construction et lui demanda si l'empereur avait l'intention d'habiter la Kabylie. — Non, répondit l'officier, on construit un fort. — Quand un homme va mourir, reprit l'Amin, il ferme les yeux et se recueille ; regarde, je ferme les yeux, la Kabylie se meurt.

Le territoire des Amraoua appartenait par droit de conquête au Beylek (gouvernement) Turc. Nul ne pouvait s'y installer sans l'autorisation du Caïd du Sébaou, et à la condition du service militaire. Tout permissionnaire recevait la jouissance à vie des terres de culture, qu'il ne pouvait ni vendre, ni engager. Au décès du détenteur, l'immeuble passait à ses héritiers naturels ou à des étrangers, qui endossaient les obligations. Ces terres seules, destinées aux bâtisses, et les jardins étaient la propriété du permissionnaire : elles formaient les biens Melk.

Au décès du propriétaire, les héritiers naturels recevaient tous les droits, à l'exclusion des étrangers. Pendant la période d'anarchie, qui sépare la retraite des Turcs de notre domination, chacun se crut propriétaire des biens qu'il détenait et en trafiqua à son gré. Mais le territoire des Amraoua n'en demeurait pas moins le Blad el-Maghzen primitif.

C'est en se basant sur ce principe, tout en respectant la propriété Melk, que l'on a pu distraire de la Zmala de Tizi-Ouzou une portion de territoire nécessaire à la création du village européen et aux services publics. Un décret impérial du 27 octobre 1858 a fixé à 287 hectares l'étendue de ce territoire et a donné aux indigènes d'autres terrains en compensation. Le Sénatus Consulte des 13-22 avril 1869, a transformé en propriété définitive les jouissances traditionnelles des terres que possédaient les tribus ; en 1869, ces terres ont été constituées en propriété Arch pour les terres de culture et en propriété Melk pour les terrains bâtis ou en vergers.

Au moment de la promulgation du décret impérial, le village était déjà représenté par un petit groupe de maisons. En 1854, on avait bâti à côté du bordj une maison pour le bureau arabe, que dirigea le capitaine Beauprêtre, et des écuries pour les spahis. Quelques ouvriers étaient restés dans des gourbis. En 1856, le Maréchal Randon ordonna la construction du fort ; un certain nombre d'ouvriers et de marchands de denrées alimentaires appelés par ces travaux, furent établis dans une trentaine de barraques au pied du bordj, sur le versant N-E. du mamelon. Vers la fin de l'année, des lots provisoires leur furent accordés pour construire sur l'emplacement du village actuel, à la condition d'édifier une maison dans le délai d'un an. Les premières maisons s'élevèrent sur les bords de la route.

Après la conquête de la Kabylie, un grand nombre de colons accoururent dans l'espoir d'obtenir des concessions ; la population s'éleva de 1858 à 1860 à près de 600 habitants, formant une milice de 90 à 100 hommes. Beaucoup de colons, n'ayant pas obtenu ce que cette nouvelle conquête leur avait fait espérer, se retirèrent peu à peu, et la population resta de 300 habitants environ jusqu'en 1870.

Cet Etablissement dépérissait d'année en année. Il ne restait guère que ceux qui pouvaient trouver un moyen de subsistance dans le travail manuel ou dans le commerce des denrées alimentaires et de première nécessité, lorsque survint l'insurrection de 1871, qui fut pour la colonie une pluie d'or et une source nouvelle de prospérité.

Depuis quelque temps, les Kabyles devenaient, de jour en jour, de plus en plus arrogants et disaient hautement que si nous avions des troupes nous les montrerions. L'occasion de reconquérir leur ancienne indépendance leur paraît favorable. Le Caïd Ali, chef de la famille des Ouled ou Kaci, entraîné, dit-on, par Mokrani, se met à leur tête ; il réunit, le 13 avril, les Zmala de Tamda et de Mekla, et, après quelques hésitations, il lève, le lendemain, l'étendard de la révolte. Il nomme les Caïds qui doivent succéder à ceux reconnus par l'autorité Française et se réserve le titre de Bach-Agha.

Un groupe de cavaliers composés de chasseurs d'Afrique, de spahis et de khialas, envoyés pour occuper Temda, est obligé de se replier à Tazazeraït, mais il se maintient à Sikhen ou Meddour. A l'arrivée des nombreux contingents kabyles, nos cavaliers reculent, protégés par 140 chasseurs à pied, postés sur les hauteurs de Abit-Chemlal. Les contingents desAmraoua, des Beni-Ouaguenoun, Beni-Aïssi, Maâtka, reçoivent l'ordre de couvrir la Zmala de Sikhen ou Meddour, ils font défection : Mohamed Amokran, cousin du Caïd Ali, va se poster à Temisa-Larbar.

L'ennemi, au nombre de 12 à 15,000 hommes, marche sur le Col de Tizi-Ouzou, qu'il n'essaie pas de forcer. Là, il se divise en trois colonnes. Celle de droite disparaît dans la gorge du Sebaou, celle de gauche défile au pied des Hassenaoua et de Bouhinoun, à 1,300 mètres du Fort, qui lui envoie des obus de 15, en arborant le drapeau français ; la colonne du centre gagne les ravins de Ardjaouna. Après avoir tourné la Place, l'ennemi se dirige sur Bordj-Sebaou et Rébeval, en laissant un camp au Sebt-El-Kedim près de Dra-ben Khedda. Dès cet instant, le Fort a toutes ses communications coupées ; il renferme 17 officiers, 447 hommes de troupe, composés de chasseurs d'Afrique, chasseurs à pied, train des équipages, mobilisés de la Côte-d'Or, spahis, khialas et 21 hommes du contingent. La population civile était rentrée depuis le 16, et comprenait 95 miliciens, 92 femmes et 67 enfants.

Le 18, une colonne ennemie vient camper sur les hauteurs de Bou-Khalfa et menace le village de Tizi-Ouzou. Une colonne des Beni-Aïssi se porte sur la hauteur du Kef-Nadja, à 1,500 mètres à l'Est du Fort. Le village est pillé et incendié ; les miliciens, soutenus par les chasseurs à pied, chargent les Kabyles, en tuent un grand nombre sur le seuil des portes et les chassent hors du village. L'ennemi revient en masse : il place des camps au pied des Hassenaoua, à Sidi-Aïet, au bas de Bouhinoun, au marché du Sebt et à la Zmala de Tizi-Ouzou, coupe les conduites qui amènent l'eau au Fort, et ouvre des tranchées pendant la nuit, en avant du bastion n° 9. Le 19, il cerne la Place, prépare une attaque de vive force, vers le bastion n° 8, et tente de brûler la porte du bureau arabe ; mais une sortie, exécutée avec entrain, le 20 avril, démontre aux Kabyles le danger d'une telle entreprise. L'ennemi se résout alors à prendre la Place par la famine ; il l'investit de tranchées, qu'il parvient à rapprocher jusqu'à 35 et 40 mètres des murs, d'où des tirailleurs peuvent tirer dans les créneaux. Les chasseurs de Bou-Khalfa se font particuliérement remarquer par la précision de leur tir, devant le bastion n° 9.

Les luttes à travers les créneaux deviennent incessantes ; on jette des boîtes à mitrailles dans les tranchées, le canon du Fort envoie des obus de 15 dans les camps. Partout la surveillance est excessive ; tout le monde est sous les armes : les femmes préparent l'ordinaire de la troupe, construisent des gabions, aident à panser les blessés. Les enfants creusent ou fouillent les puits pour avoir de l'eau.

Le Caïd Ali envoie le Cheik Aït El-Hadj en parlementaire, pour engager M. le Commandant Letellier, au nom de l'amitié et des anciennes relations, à abandonner sa mauvaise cause, lui promettant son appui pour le conduire armes et bagages avec sa troupe, là où il lui plaira. Le Cheik n'obtint pour réponse que l'exhortation, pour le Caïd Ali, de mettre bas les armes, ou la menace d'un châtiment qui ne se ferait pas longtemps attendre.

Le 30, un nouveau parlementaire ne rapporte que cette réponse : « va dire au Caïd Ali que ses propositions sont saugrenues, et qu'il cesse ces relations inconvenantes. » Quelques jours après, un émissaire, qui essayait de pénétrer dans la Place en se glissant le long des murs, est tué par les créneaux.

L'ennemi redouble d'efforts vers les bastions nᵒˢ 8 et 9, rapproche les tranchées à l'Est et au Sud-Est du Fort ; il a hâte d'en finir, car on entend le canon du côté de Dra-el-Mizan : de nombreux troupeaux remontent sans cesse la vallée, révélant son inquiétude du côté d'Alger. On entend bientôt, en effet, le canon dans la direction des Beni-Aïcha ; les Kabyles abandonnent les tranchées, se retirent vers Bouhinoun et la zmala de Tizi-Ouzou : une sortie générale du Fort, à l'Est et à l'Ouest, se jette sur l'ennemi, pendant que des travailleurs bouleversent ses travaux. En ce moment l'apparition, à Drah Faraoun, de la colonne du général Lallemand, détermine la retraite des Kabyles, qui venaient de masser leurs colonnes pour une attaque. Dès leur arrivée, les troupes du général Lallemand marchent à l'ennemi, le débusquent brillamment de toutes ses positions et vont camper, en partie, sur le Kef-Nadja, pour continuer ensuite la répression de la Kabylie, de concert avec la colonne du général Cérèz.

Le siége du Fort de Tizi-Ouzou avait duré du 17 avril au 11 mai.

Les fermes et les maisons du village avaient été détruites, pillées ou incendiées. Une Commission est nommée en vertu d'une décision de M. le Gouverneur général de l'Algérie, 9 mai 1871, pour régler l'indemnité de guerre qu'il y a lieu d'imposer aux rebelles et la répartir entre les colons et les familles victimes de l'insurrection, avec la condition d'employer intégralement l'indemnité accordée pour l'immeuble à l'édification d'une maison.

Sous l'influence de ces abondantes ressources inespérées et en quelque sorte providentielles, Tizi-Ouzou renaît de ses cendres et de ses décombres, sous un aspect nouveau. Sur l'emplacement des gourbis, des maisons de pierre ou de pisé, la plupart abandonnées par les premiers colons, qui étaient allés de 1860 à 1870 tenter ailleurs de nouvelles chances de fortune, s'élèvent des maisons en pierre, régulières, alignées, bien construites, presque toutes à rez-de-chaussée et grenier : la route devient une rue large, bordée de maisons à un étage, plantée d'arbres sur les deux côtés. Les rues, les places publiques se dessinent , mais le plan général n'apparaît nettement défini qu'après la construction de quelques bâtiments, de plusieurs maisons que détermine l'installation de la Sous-Préfecture et du Tribunal de première instance à Tizi-Ouzou, et les travaux d'embellissement, tels que le gravelage de certaines rues, la formation de trottoirs, de la place de la Mairie, d'une borne fontaine, les plantations d'arbres sur le boulevard et sur la place de la Sous-Préfecture, par le Sous-Préfet, M. Olivier.

Mais il reste encore beauconp à faire au point de vue sanitaire : bien des rues ne sont qu'un grand sentier tracé sur le sol primitif, sans fossés sur les bords et sans pente pour l'écoulement des eaux pluviaies ou ménagères. En hiver, ce sont de véritables cloaques, où la circulation est le plus souvent impossible, ou croupissent des crapauds, qui se logent sous le sol des habitations, mêlant leurs coassements monotones à la conversation de la veillée. Il en résulte que les maisons prennent, pendant la saison des pluies, une humidité que les chaleurs de l'été ne peuvent faire disparaître.

Les trois ou quatre rues favorisées d'un trottoir ont bien des rigoles sur les bords, mais les eaux pluviales et ménagères n'ont pas d'issue : elles stationnent ou vont chez les voisins, créant ainsi dans la ville même des foyers d'infection, parce qu'il n'existe pas encore un seul égout. Cependant, le chiffre de la population est assez élevé pour faire sentir tous les jours le besoin de collectionner et d'amener au dehors de la ville les eaux pluviales, qui transforment les rues en mares, détériorent le sol, les maisons d'habitations, leur communiquent une humidité dont le résultat sera des douleurs rhumatismales l'hiver et la fièvre intermittente l'été. Les eaux ménagères, que chaque habitant jette devant sa porte, chargées en abondance de matières animales et végétales, croupissent sur le sol, fermentent par la chaleur et forment, sur le seuil des maisons, des sources infectieuses. L'égout est une question primordiale pour le bon entretien d'une ville, une question principale au point de vue de l'hygiène publique, qui mérite la plus haute et la plus pressante sollicitude.

La ville serait suffisamment éclairée si toutes les rues possédaient proportionnellement autant de reverbères que la Grand'rue, mais certaines parties hautes en sont à espérer encore qu'on en placera bientôt. Le soir, la circulation est dangereuse à travers ces rues ravinées, lorsque le sol est sec, même si l'on est précédé d'un porte-lanterne. L'embarras est encore bien plus grand pendant la saison des pluies ; elle est alors impossible.

EAUX ALIMENTAIRES

Le village Européen est alimenté par une seule fontaine construite, dans un style très-primitif, sur la place de l'Église. C'est un tuyau de cuivre, sortant d'une borne, qui verse l'eau dans une auge servant d'abreuvoir où viennent boire les bestiaux matin et soir, après avoir traversé la place qu'ils salissent ou dégradent. C'est l'unique ressource des habitants qui sont obligés d'y venir chercher l'eau dont ils ont besoin. La distance est assez grande pour quelques-uns ; de jeunes Arabes remplissent les fonctions de l'Auvergnat historique pour un grand nombre de ménages.

Une borne-fontaine à jet intermittent, placée au Nord-Ouest du village, fournit à la population de cette partie de la localité et à quelques indigènes.

Il y a encore deux sources à chaque extrémité du village, qui peuvent donner une très petite quantité d'eau. Ce sont Aïn-Sultan, la fontaine du marché, à l'Ouest, à 7 ou 8 cents mètres des dernières maisons, et la fontaine Turque, à l'Est, distante d'environ cinq cents mètres.

Les eaux de la fontaine de la place de l'Eglise et celles de la borne-fontaine sont claires, limpides, incolores, peu sapides, à une température de 20° environ pendant l'été. Elles dissolvent assez bien le savon et cuisent bien les légumes. Elles contiennent du sulfate de chaux en assez forte proportion, du chlorure de calcium et de magnésie en quantité assez notable, de l'alumine, de la silice, du fer et des traces de matières organiques.

Les eaux de la fontaine du marché et celles de la fontaine turque présentent à peu près les mêmes réactions. Elles renferment une plus forte proportion de sels terreux. Toutes ces eaux deviennent limoneuses après les pluies abondantes au Bordj et au Village.

Plusieurs habitants ont creusé des puits ; mais leurs eaux ne peuvent être utilisées que pour les animaux ou les soins de propreté du ménage. Il en existe quelques-uns cependant, tel que celui de l'hôtel des postes, qui donnent une eau très-bonne et très-fraîche.

D'après une note que je dois à l'obligeance de M. l'ingénieur des Ponts-et-Chaussées, M. Hanric, les eaux sont recueillies à trois sources aménagées sur le versant Sud du Belloua et conduites par un tuyau en fonte à un château-d'eau en forme de marabout, placé au pied des escarpements vers le Nord-Ouest du village. De là, les eaux sont amenées à la fontaine de la place de l'Eglise, en fournissant, sur le parcours de la conduite, la borne-fontaine.

Ce système d'alimentation des eaux présente l'inconvénient d'être très-insuffisant par rapport à l'étendue de l'emplacement du village, qui nécessiterait au
moins quatre bornes-fontaines et une fontaine monumentale sur la place de la Sous-Préfecture, avec ger-
be liquide indépendante des eaux alimentaires, afin
qu'elles ne soient pas altérées par les particules végétales et animales. — Il est aussi très-insuffisant par
la quantité d'eau fournie par rapport au nombre des
habitants.

En ce moment, 5 septembre, toutes les eaux
réunies donnent à la fontaine de la place de l'Eglise
un débit de 16 litres par minute, ce qui fait un total
de $16 \times 60 \times 24 = 23,040$ litres dans les 24 heures,
et comme le chiffre de la population Européenne peut-
être évaluée à 1,200, la part d'eau alimentaire de chaque habitant est donc $\frac{23.040}{1.200} = 19$ litres 2 cent., quantité beaucoup trop faible si l'on tient compte du
nombre d'animaux à abreuver, ce qui diminue des
2|3 la ration de chaque habitant.

Les indigènes vont chercher leur provision d'eau
à la fontaine de la Zmala ; son faible débit les oblige
souvent à une station assez longue : cette fontaine, en
effet, ne fournit actuellement que 4 litres 23 cent.
à la minute. Le chiffre de la population étant d'environ 1,500, la ration de chaque habitant est donc de
4 litres 1/2.

Evidemment, ces quantités sont insuffisantes, surtout dans un pays où les chaleurs sont d'une longue
durée, et excessives pendant une partie de l'été. Cette
pénurie d'eau, qui augmente les souffrances de la population, entre certainement en ligne de compte parmi
les causes des maladies et s'oppose, d'une façon ab-
solue, au développement de la colonie.

Cette question est éminemment importante à résoudre et mérite des travaux d'urgence, pour amener à un chiffre normal la ration de chaque habitant, qui doit être estimée à 50 litres d'eau par personne et par jour. Il faudrait donc pouvoir disposer d'une somme de 140,000 litres, au lieu de 30,000, somme actuelle. Cette somme peut paraître énorme, cependant elle est absolument nécessaire pour les besoins présents, et presque faible si l'on a l'intention de favoriser le développement de la population. Il est possible de l'obtenir et de la dépasser par les dispositions suivantes :

Le Belloua possède deux nappes d'eau, une à l'Est, l'autre à l'Ouest, qui se déversent sur le versant Nord par des ruisseaux, et autant sur le versant Sud. Elles sont indiquées par deux grands ravins qui descendent des crêtes et s'étendent jusqu'au pied des escarpements. Ces nappes pourraient être captées et aménagées, ainsi que diverses sources assez importantes, jusqu'à une grande citerne construite sur les deux points opposés, Ouest et Est, du versant méridional.

Ces deux citernes sont une des principales conditions de réussite, et il est même probable que la construction seule de canaux ne donnera jamais le résultat désiré. Les citernes coûteront un peu plus cher, mais le but sera sûrement atteint et pour toujours, même pendant les années d'extrême sécheresse.

De ces citernes, ou châteaux d'eau, les eaux seraient amenées dans une artère unique, en dessus du village, et, de là, distribuées dans des bornes-fontaines ; le surcroît pourrait servir à l'irrigation des plantations des rues, des places publiques, de jardins maraîchers sur toute l'étendue du côteau, et, en cas d'incendie, fournirait amplement à tous les besoins urgents.

C'est le système d'alimentation d'eau du Fort, qui

donne actuellement 50 litres par homme. Les eaux
sont prises au Belloua et amenées dans une citerne
par des conduites souterraines. C'est le système
qu'employaient les Romains, lorsqu'ils ne pouvaient
amener une rivière par un de ces aqueducs encore
debouts. Philippeville (province de Constantine), l'ancienne Rusicada, conserve d'immenses citernes, qui
avaient plus de 10 mètres de profondeur, dont une
ou deux suffisent, d'après le système moderne d'alimentation des eaux, aux besoins de la ville.

Dans ce pays, l'aménagement de sources ne peut
donner un résultat complet, parce que les plus abondantes en hiver tarissent ou n'ont qu'un maigre filet
d'eau en été, conséquence d'un sol formé de marnes
argileuses et de terrains cristallophylliens, que ne peuvent pénétrer profondément les eaux pluviales, assez
abondantes cependant puisqu'elles donnent 735 litres
par mètre carré, n'étant pas retenues à sa surface par
un boisement suffisant. Il en résulte que le débit de
l'été sera toujours une quantité extrêmement faible
relativement à celui de l'hiver. Il faudrait donc pro-
fiter de ce surcroît, l'emmagasiner pour faire le com-
plément lorsque les sources ne fourniront plus qn'une
quantité insuffisaute.

La colonie ne possède que 30 mille litres d'eau au
lieu d'en avoir 140 mille litres, en chiffres ronds. Comme cette pénurie dure environ trois mois, ou bien
100 jours, le déficit pour l'année pourra être estimé à
$100 \times 100 = 10000$ mètres cubes ; par conséquent, chacune de ces citernes devra contenir 5000 mètres cubes.

En élevant leur capacité à 6,000 mètres cubes, on
ne ferait qu'œuvre de prudence ; chacune de ces citernes serait alors représentée par un parallélipipède
de 30 mètres de largeur. Des calculs approximatifs permettent d'estimer le prix de revient, tant pour les

déblais que pour la maçonnerie en ciment ou en chaux hydraulique, à la somme de 100 mille francs. Il faudrait donc 200 mille francs pour approvisionner d'eau Tizi-Ouzou, et une somme bien moins considérable si l'on choisissait, pour l'emplacement de ces réservoirs, une anfractuosité des ravins dont le sol et les parois sont en granit.

Ce travail très important ne réclamerait plus par la suite, comme les canaux, de nouveaux frais d'aménagement. On pourrait compter définitivement sur une large part d'eau, même pour les années les plus sèches. Les plantations de la localité pourraient recevoir une ration suffisante, ce qui, en leur donnant de l'ampleur et de la force, assainirait le village et tempérerait les chaleurs de l'été : en peu d'années Tizi-Ouzou serait entièrement métamorphosé.

IRRIGATION

Après avoir servi aux besoins de la vie, le plus grand bienfait de l'eau est de participer à la fécondation du sol. On peut dire qu'un pays est d'autant plus riche que la terre reçoit plus abondamment l'eau nécessaire à la végétation, l'homme pouvant disposer toujours d'un engrais si les détritus végétaux et animaux ne fournissaient déjà, au sol, les éléments primordiaux de la jeune plante. La poussière emportée par les vents, dit Hamlet, est peut-être le reste de la tête d'un grand homme ! Mais, sans provenir d'une essence aussi rare, les terres meubles charriées par les vents contiennent ordinairement de grandes proportions de matières organiques, auxquelles s'ajoutent les débris végétaux nés sur place. Quelques gouttes d'eau et un rayon de soleil suffiront ensuite au développement du germe confié à la terre.

Dans cette contrée, ce ne sont certes pas les rayons du soleil qui feront jamais défaut. Le plus souvent, le sol desséché est impuissant à donner à la jeune plante l'humidité indispensable à la vie ; elle meurt avant d'avoir acquis tout son développement ou avant d'avoir atteint un bon *état productif*.

Que de richesses sont ainsi perdues, chaque année, par le manque d'eau ! — Cette vallée, formée par une épaisse couche d'alluvions, acquiérerait une fertilité considérable s'il était possible de donner à chaque récolte deux ou trois arrosages. Il est inutile de chercher à démontrer un fait dont tout le monde est convaincu, mais il sera plus difficile de faire partager mon avis sur la possibilité d'arroser toute la vallée du Sebaou, s'étendant de l'Oued Bou Guedoura à l'Oued Aïssi. — Je vais l'essayer, m'estimant assez heureux d'avoir émis cette pensée si un autre, plus habile que moi, arrive à un meilleur résultat.

La première question à envisager est de savoir si les frais nécessaires pour recueillir et amener les eaux, se présentent dans des rapports admissibles avec la plus-value donnée aux récoltes. Je le crois.

Le moyen n'est pas nouveau, il est vrai, puisqu'il a été pratiqué, il y a bien des siècles, par les Romains, un peu partout et par les Maures en Espagne ; mais quoique vieux il n'en est pas moins bon pour cela.

La chaîne des contreforts qui s'élève comme un immense mur d'enceinte au Sud de la vallée, fournit plusieurs confluents au Sebaou, dont trois : l'oued Aguemoun, l'oued Medouah et l'oued Sebt ou Téfali pourraient être utilisés, principalement ce dernier, pour irriguer la vallée.

Ces trois cours d'eau, presque entièrement desséchés pendant cinq mois de l'année, prennent pendant la saison des pluies, et surtout à la fonte des neiges, tous les caractères d'un torrent ; leurs eaux, alors très rapides et abondantes, coulent de roc en roc dans des ravins étroits, très profonds, creusés dans le calcaire métamorphique, le poudingue et le granit éruptif. Ces ravins débouchent dans la plaine, à une altitude au moins égale au point le plus culminant, par une scissure très étroite n'excédant guère deux ou trois mètres d'ouverture au niveau du lit.

On conçoit donc que si on élevait un mur de l'un à l'autre bord du ravin, à l'entrée de la vallée, dans la partie la plus rétrécie, on formerait ainsi un immense réservoir en amont, qui s'emplirait pendant l'hiver et dont les eaux pourraient ensuite être utilisées, pendant l'été, pour les besoins des diverses récoltes.

Ces barrages n'exigeraient pas de grandes dépenses à cause du peu d'étendue de la gorge d'échappement et des nombreuses ramifications des ravins qui deviendraient autant de bassins accessoires par le seul fait de l'arrêt des eaux dans l'artère principale.

On peut se demander si le peu de largeur des ravins, en favorisant la construction du barrage, ne serait pas aussi une cause d'insuffisance dans la capacité du réservoir. Voyons donc quelle quantité d'eau serait nécessaire pour arroser la vallée.

En supposant que la vallée possède une longueur de 12 kilom. 1/2 et de 4 kilom. de largeur, nous obtenons une superficie de 50 kilom. carrés, qui équivalent à 5000 hectares. L'expérience a démontré que pour arroser un hectare, il faut un débit permanent de 1/3 de litre d'eau par seconde, ou 33 litres par 100 hectares ; ce qui représente 2,851,200 litres d'eau par jour, et 19958 m. c. 40 par semaine. De sorte que, pour recouvrir tous les sept jours un hectare de culture d'une couche d'eau suffisante pour faire prospérer des plantes variées, il faudrait 199 m. c. 58. Soit en chiffres ronds 200 m. c. et pour 5000 hectares 1.000000 m. c.

Si nous supposons qu'il faille une moyenne de quatre arrosages par culture pour la période de sécheresse, la somme de l'aménagement devra donc atteindre *quatre millions* de mètres cubes d'eau, c'est-à-dire un million 33 par réservoir si l'on capte les eaux des trois affluents du Sebaou. 4 millions de mètres cubes d'eau représentent un volume suffisant parce que toutes les cultures n'exigent pas quatre arrosages et que toutes les terres ne seront pas arrosées ; ce sera autant de volumes d'eau à reporter sur d'autres cultures. Or, pour obtenir 4 millions de mètres cubes d'eau en 5 mois, il faut supposer un débit de 306 litres d'eau par seconde, ou 103 litres en moyenne pour chacun de ces torrents : quantité d'eau qui sera amplement dépassée si l'on réfléchit à la superficie de leurs bassins orographiques et à la somme des pluies annuelles. Il est ainsi permis d'estimer, *à priori*, que chacun de ces ravins peut contenir plus *d'un million* de mètres cubes d'eau.

Par conséquent il est possible d'aménager une quantité d'eau, pendant la période des pluies ou la fonte des neiges, suffisante pour arroser les cultures en général de toute la vallée.

Les travaux n'étant pas considérables, la dépense n'excèderait guère un million de francs. S'il en était ainsi, le mètre cube d'eau d'aménagement reviendrait à 0,25, et, si nous prenons le 1/10ᵉ pour l'amortissement, les intérêts et l'entretien, le prix de chaque arrosage serait de 5 fr. par hectare (200 m. c. d'eau). D'après cette estimation, l'amortissement total pourrait être effectué en 15 ou 20 ans au plus.

Reste à examiner la plus-value des récoltes.

Pour éviter toute erreur, doublons les chiffres, tant en mètres cubes d'eau d'arrosage qu'en prix de chaque arrosage, que nous mettrons à 10 francs par hectare.

Une récolte de blé, par exemple, n'exige pas plus de trois arrosages, total 30 francs par hectare. — Dans cette contrée, une terre bien cultivée, en bon lieu, rend le 7 au maximum ; dans une plaine, un hectare donnerait le 12 et souvent davantage. Il est donc permis d'estimer à 9 la récolte d'une bonne terre dans cette vallée, qui aurait reçu trois arrosages aux époques voulues. C'est donc un accroissement de 2, dans le rendement, c'est-à-dire *deux hectolitres et demi*. Ce qui représente un bénéfice *net* de 30 à 40 francs par hectare. Mais ce bénéfice sera bien certainement plus considérable pour d'autres cultures, qui nécessitent l'arrosage plus que le blé. On pourrait alors faire un autre genre de culture, impossible actuellement, telle que le coton, les bananes, etc., et dont le rapport lucratif est connu de tous. — La plus-value des récoltes indemniserait donc largement chaque cultivateur, des frais en argent ou en nature qu'il aurait pu faire.

On peut objecter que la vallée ne présente pas l'aspect d'une plaine uniforme, et que son irrigation serait difficile à travers cette multiplicité de mamelons qui la composent. Je ne crois pas que les difficultés soient aussi grandes qu'elles le paraissent au premier abord. Des canaux sur les crêtes ; des conduites en fonte ou autres matières, pour passer d'un mamelon à l'autre, faisant l'office de syphons ; des sillons transversaux, pour maintenir les eaux dans les cultures, suffiraient pour amener les eaux dans presque toutes les parties de la vallée.

Je n'émets qu'une idée : pour résoudre cette question, il faudrait que des hommes spéciaux voulussent bien étudier les points qui exigent du savoir et de l'expérience de la part de ceux qui font l'application de la théorie à la pratique.

CONSTITUTION MÉDICALE

Le village européen de Tizi-Ouzou est donc situé sur la partie la plus basse du col, formée par la pente douce qui descend du Belloua et le Mamelon que couronne le Fort. Il est bâti sur les marnes argileuses, mises à nu par la tranchée de l'Eglise et les divers essais de forage de puits ; exposé au Midi ; d'une attitude de 200 mètres au point culminant de la route.

De cette configuration du sol, il résulte que les vents ne peuvent se faire sentir sur le village qu'en suivant la direction du Col. Les vents du Nord, brisés par le Belloua, arrivent en remous secs et frais ; les vents du Sud, arrêtés par les hauts contreforts du Jurjura, pénètrent par le Sud-Ouest ; ils sont secs et brûlants. Les vents de l'Est et du Nord-Ouest sont frais et humides ; leur marche se faisant suivant la direction du Col, ils arrivent directement sur le village.

Les pluies sont amenées par les vents du Nord et du Nord-Ouest, parfois de l'Ouest. Aussi, lorsque les habitants du pays voient le matin le sommet du Belloua et de Sidi Ali bou Nab chargé de nuages sombres, ils annoncent la pluie pour la journée. Les orages, avec coups de tonnerre et éclairs, arrivent par la trouée du Sud-Ouest ; quelquefois, mais plus rarement, ils sont poussés par les vents du Sud-Est. Généralement, les orages éclatent la nuit, vers le crépuscule, et cessent au lever du soleil.

La température de la contrée est très agréable pendant la fin de l'automne, l'hiver et les premiers jours

du printemps: le thermomètre ne descend pas au-dessous de zéro, même lorsque la neige couvre le sommet des montagnes environnantes. Les nuits sont un
peu froides, surtout avec le vent du Nord-Ouest. Dans
la journée, on jouit d'un soleil splendide ; le ciel est
presque toujours découvert, mais l'horizon n'est pas
toujours très net, parce que les montagnes sont fort
souvent brumeuses. Cette époque de l'année corres-
pond à la saison des pluies, qui durent à peu près six
mois : elles sont intermittentes et de courte durée pendant l'automne et le commencement de l'hiver, s'éta-
blissent définitivement en mars et cessent à la fin du
printemps.

Les chaleurs arrivent aussitôt après ; le thermomètre monte rapidement et atteint le point extrême de
44° à 45° au mois d'août. Du 1er juillet au 20 août, les
chaleurs sont excessives. Le sol de la vallée, naguère
encore couvert d'une riche et belle végétation, dénudé et brûlant ; les montagnes environnantes à peine protégées par places par de maigres broussailles,
sont facilemeut suréchauffés par un soleil torride et
réfléchissent une chaleur intense, qui, jointe à celle
produite directement par les rayons du soleil, détermine une température très-élevée, que ne peuvent
adoucir les vents du Nord brisés par les hautes montagnes, et qui devient insupportable pendant les jour-
nées du siroco.

Quelques observations thermométriques faites au
village, indiquent une différence en plus de 2° à 3°
avec le Fort, ce qui permet d'évaluer de 46° à 48° la
température extrême qui peut se faire sentir dans le
village.

Vers le soir, au moment du soleil couchant, se lève
un petit vent du Nord-Ouest ou de l'Est très-agréable. Il
rafraîchit l'atmosphère, abaisse considérablement la

température de la nuit, qui peut varier de 20° à 25° avec celle du jour. Sans cette heureuse condition, la vie européenne serait des plus pénibles ; on peut ainsi reposer la nuit et se refaire par le sommeil des fatigues du jour. Pendant ces quelques mois, les nuits sont claires, sereines et le ciel étincelle de myriades d'étoiles, brillant à une hauteur infinie, répandant dans l'atmosphère une clarté nébuleuse qui permet de distinguer à l'horizon les masses sombres des montagnes. Les clairs de lune sont resplendissants d'éclat, de lumière, de transparence. De la terrasse du Bordj, la vue s'étend au loin vers les montagnes de Bougie, embrassant les détails variés de toute la vallée, les méandres multiples du haut Sebaou, brillant comme un fleuve d'argent. La limpidité de l'air est si grande qu'il est possible de lire les caractères d'imprimerie. Malgré les fatigues du jour, la vie semble renaître de tout côté : chacun est désireux de goûter les douceurs de ces quelques heures de calme et de fraîcheur avant de se livrer au repos.

C'est la période de l'année qui fournit le plus de malades ; mais la mortalité est plus considérable pendant l'automne, parce que aux causes léthifères qui lui sont propres s'ajoutent les décès des malades qui ont résisté aux atteintes violentes d'une intoxication palustre, ou d'une dyssenterie grave pendant l'été, et qui succombent par la gêne des fonctions que déterminent les désordres organiques produits par ces affections.

L'observation simple des maladies qui ont régné dans chaque saison, inscrites sur le registre des entrées à l'hôpital, donne l'expression exacte de la constitution médicale.

Les maladies se présentent ainsi qu'il suit :

1ᵉʳ *Trimestre.* — Fièvres intermittentes, cachexies
paludéennes, bronchites, broncho-pneumo-
nies, pleurodynies, angines, dyssenteries.

2ᵉ *Trimestre.* — Fièvres éruptives, fièvres intermittentes, coqueluches, bronchites, dyssenteries,
conjonctivites.

3ᵉ *Trimestre.* — Fièvres intermittentes, cachexies paludéennes, fièvres rémittentes et pernicieuses
à types divers, bronchites, pleurésies, embarras gastriques, diarrhées, dyssenteries, conjonctivites, quelques pustules d'ecthyma.

4ᵉ *Trimestre.* — Fièvres intermittentes et quelques
rémittentes, cachexies paludéennes, chloro-
anémies, rhumatismes articulaires, bronchites, pneumonies, pleurodynies, pleurésies,
amygdalites et angines, embarras gastriques,
diarrhées, dyssenteries, conjonctivites, urti-
caires, ecthyma.

Ce tableau démontre que la fièvre intermittente est
commune à tous les trimestres ; elle est par conséquent endémique dans la localité. Pendant le troisième
trimestre, elle prend le caractère rémittent ou pernicieux à types divers, déterminant la cachexie palu-
déenne et les hydropisies que l'on retrouve à toutes
les époques de l'année chez ces valéludinaires qui
vont de leur maison à l'hôpital et vice-versâ, que l'on
rencontre l'hiver un bâton à la main promenant au
soleil.

Sur 550 malades entrés en moyenne à l'hôpital, la
fièvre intermittente est représentée par 274 et la fièvre
pernicieuse par 11. C'est environ la moitié du nombre
des maladies. Ces deux chiffres sont ainsi répartis
dans les différentes saisons :

Saisons	Fièvres intermittentes	Fièvres remittentes
Hiver	12	»
Printemps................	10	»
Eté.....	197	7
Automne	55	4
Total..........	274	11

En considérant la fièvre intermittente dans chaque époque mensuelle, on remarque que le nombre des entrées augmente avec l'accroissement de la température, et que le caractère pernicieux coïncide avec les degrés extrêmes qu'atteint le thermomètre ; que les caractères malins perdent de leur gravité dès qu'une rémission se manifeste dans la température.

On peut en conclure que si on améliorait le climat de la localité, on ferait disparaître en même temps les fièvres remittentes et pernicieuses.

La diarrhée et la dyssenterie se présentent encore comme maladies dominantes. Ces affections n'acquièrent leur plus grande gravité qu'à la fin de l'été, et sévissent surtout sur des personnes déjà débilitées par l'intoxication palustre.

Les conjonctivites simples ou purulentes apparaissent pendant le printemps et l'été; ces affections sont quelquefois très graves : des ulcérations de la cornée occupent en quelques heures une étendue considérable. Ces affections sont très fréquentes dans la population indigène, qui ne leur accorde pas beaucoup de soins; aussi voit-on fréquemment parmi elle des yéux blancs.

La phthisie pulmonaire n'est pas rare ; elle s'est toujours présentée avec un caractère aigu, à marche des plus rapides. Quelques cas se sont brusquement arrêtés, et les malades sont sortis de l'hôpital avec l'apparence d'une parfaite santé offrant un souffle amphorique sous-claviculaire,

Maladies qui ont occasionné les décès par trimestre:

GENRE de MALADIE	MILITAIRES					CIVILS — EUROPÉENS					CIVILS — INDIGÈNES				
	1	2	3	4	total	1	2	3	4	total	1	2	3	4	total
Fièvre intermittente simple et cachexie paludéenne	»	»	1	»	1	»	»	1	»	1	»	»	»	»	»
Fièvre pernicieuse et typhoïde	»	»	2	1	3	»	»	1	1	2	1	»	»	»	1
Phthisie aigue	»	»	»	»	»	1	»	1	1	3	1	»	»	»	1
Croup	»	»	»	»	»	»	»	»	1	1	»	»	»	»	»
Bronchite capillaire	»	»	»	1	1	»	»	»	1	1	»	»	»	»	»
Pneumonie	2	»	»	»	2	»	»	2	1	3	»	»	»	»	»
Diarrhée	»	»	»	»	»	»	»	»	1	1	»	»	»	»	»
Dyssenterie	»	»	»	»	»	»	1	2	2	5	»	»	»	1	1
	2	»	3	2	7	1	1	7	8	17					3

Total: 27

Ce tableau ne comprend que les décès survenus dans l'hôpital. Il n'exprime donc pas la mortalité totale de la localité, mais il indique quelles sont les maladies qui sont la cause la plus grande des décès.

Statistique pour la population européenne :

Population.....	⎧ Hommes	446	⎫
	⎨ Femmes.............	301	⎬ 1.147
	⎩ Enfants.............	400	⎭
Décès.........	⎧ Hommes.............	16	⎫
	⎨ Femmes.............	6	⎬ 32
	⎩ Enfants.............	10	⎭
Naissances.....	⎧ Sexe masculin........	19	⎫
	⎩ Sexe féminin.........	16	⎭ 35

Les décès représentent environ le 40ᵉ de la population; mais il faut observer que cette population en arrivant est jeune et vigoureuse, et offre par conséquent une grande résistance aux causes morbides.

Les principales causes d'insalubrité sont dues au Sebaou. Son lit, d'une largeur très-considérable en quelques endroits, est parcouru par de nombreux lacets de cours d'eau, torrentueux pendant les crues fréquentes de l'hiver et du printemps. Les fortes chaleurs de l'été dessèchent le plus grand nombre de ces lacets et convertissent ainsi le lit du Sebaou en un vaste marais.

Cette disposition du lit du Sebaou est surtout très-remarquable dans la plaine étroite, qui s'étend de Bou Khalfa à Dra ben Khedda. Ce dernier village se trouve placé dans des conditions les plus fâcheuses au point de vue sanitaire. Il est bâti sur l'épanouissement d'un mamelon entre le confluent de l'Oued-bou-Guedoura et le Sebaou, dont il est séparé par une bande de terrain d'alluvions, très-riche en détritus végétaux, en contre-bas de la route. Ce sol est entièrement inondé pendant l'hiver et le printemps, et forme un vaste marais qui suit les sinuosités extérieures que compose l'amas de maisons d'habitation placées sur le côté Nord de la route. La végétation, les sangsues et le nombre infini d'infusoires qu'on y rencontre fournissent des caractères suffisants pour établir son identité avec un marais.

Les chaleurs de l'été ne dessèchent point complètement le sol ; les matières animales et végétales entrent en putréfaction et forment une source abondante d'effluves pernicieuses.

Dans la plaine du haut Sebaou, existe un semblable foyer d'infections palustres. Le marais de Bou Ilef à l'Est de Sikhen ou Meddour et l'embouchure de l'Oued Aïssi, d'une étendue de 4 à 500 mètres, inondée dans la saison des pluies, sont presque à sec pendant l'été. Ces lieux, formés de marnes argileuses descendues des montagnes ou apportées par le cours du Sebaou dans de grandes crues fort anciennes, fournissent abondamment des miasmes paludéens.

Les villages, qui occupent ces deux portions opposées des cours du Sebaou, Sikhen ou Meddour à l'Est de Tizi-Ouzou, Dra ben Khedda à l'Ouest et bou Khalfa à l'entrée du Col, sont décimés chaque année par les fièvres intermittentes, remittentes et pernicieuses.

Le Col, faisant communiquer ces deux plaines étroites, les vents qui suivent sa direction vers le haut ou le bas Sebaou, charrient en abondance les effluves marécageuses sur Tizi Ouzou. A la saison des pluies, ils chassent d'une plaine dans l'autre, à travers le Col, des brouillards épais, formés au-dessus des terrains submergés. Ces brouillards recouvrent le village, s'écoulent comme un vaste fleuve en rebondissant sur la base du Belloua et les flancs du mamelon du Fort, augmentent l'humidité des maisons et peut être même abandonnent quelques principes fâcheux en rapport avec leur origine. Le village serait donc mieux situé sur l'emplacement de la Smala.

A ces deux grandes causes, il faut joindre quelques sources d'infections palustres moins importantes, mais qui ont cependant une valeur morbide.

L'oued Meddouah et l'oued Sebt forment, pendant l'hiver, des marécages nombreux, au Sud et au Sud-Ouest, qui se dessèchent plus ou moins complètement et produisent des émanations pernicieuses pendant les fortes chaleurs. Quelques ravins profonds entre les mamelons, inondés ou fangeux six mois de l'année, doivent ajouter certainement à ces causes une influence fâcheuse.

Enfin, dans tous les pays chauds, on considère les chaleurs excessives comme pouvant, par leur action seule et directe sur l'organisme, produire des accès de fièvre et même des fièvres graves.

A la fin de l'été, on voit apparaître des conjonctivites granuleuses et des pustules d'ecthyma. Ces affections reconnaissent une même cause: l'état de détérioration de tous les organes. On sait, en effet, que les conjonctivites et l'ecthyma naissent dans toute circonstance déterminée par une cause qui diminue la résistance des tissus en général. Ici, nous trouvons en première ligne les exhalaisons miasmatiques, ensuite la débilité due à l'exagération des fonctions de la peau et l'atonie du tube digestif, provoquées par l'excitation continuelle d'une chaleur quotidienne et de longue durée. Ajoutons l'insuffisance des ressources pour quelques-uns, les mauvaises conditions d'hygiène des habitations et la malpropreté pour d'autres. L'éclat de la vive lumière, la réflexion des rayons lumineux par le sol et les murs, la sécheresse du globe oculaire, fatiguent la rétine, irritent la cornée. Le nombre de personnes atteintes de pustules d'ecthyma pendant la période qui succède aux grandes chaleurs, pourrait presque faire considérer cette affection régulièrement périodique comme une entité morbide, au même titre que le clou de Biskra, le bouton d'Alep de Laghouat. La fraîcheur de la nuit, les sueurs profuses, l'atonie des fonctions de l'intestin et de l'estomac, l'humidité apportée par les brouillards, disposent aux diarrhées, aux dyssenteries, aux douleurs rhumatismales, au lumbago.

Sous l'action d'un climat brûlant et des désordres organiques produits par les fièvres intermittentes, la race européenne disparaît, s'amoindrit de généra- tions en générations. Dans ces conditions, la vie eu- ropéenne est impossible à Tizi-Ouzou, si on ne mo- difie pas les conditions du climat, si on n'assainit pas les principaux foyers d'infection. La tâche est grande, mais elle n'est pas impossible. Les moyens sont four- nis par l'examen des causes productrices des effets détériorants, et se résolvent en un même fait « *Déboi- sement général.* »

Les ruisseaux qui descendent de la montagne sont torrentueux, parce que le sol dénudé et argileux ne peut conserver les eaux qui se précipitent dans les ra- vins en entraînant les terres. Le lit des cours d'eau dans la vallée, recevant en un même instant tous ces petits torrents, devient insuffisant, et les eaux, en en- levant les berges, s'étendent sur les rives où elles forment des marécages. Toutes ces eaux courent à la mer et laissent le sol à sec pendant la saison des chaleurs. Ce sol, dénudé de toute végétation, s'é- chauffe sous les rayons d'un soleil ardent, et réfléchit un air sec et brûlant qui accroît la température du lieu. Boiser le pays, canaliser les cours d'eau, telle serait donc la solution de l'importante question de l'assainissement de la localité et de l'amélioration du climat.

En effet, les arbres empêchent le sol de se détériorer sous l'action des pluies ; ils arrêtent les rayons du soleil, qui ne peuvent échauffer le sol et lui conservent ainsi son humidité. La vapeur d'eau qui s'en dégage, s'arrête au-dessus des arbres sous forme de brouillards et retombe sur le sol. Humbolt a démontré que les régions boisées possèdent un rayonnement frigorifique capable de condenser la vapeur d'eau des nuages. En été, lorsqu'un nuage viendrait à passer, il rencontrerait un courant d'air frais qui ferait résoudre la pluie sur la contrée et abaisserait la température. Le climat deviendrait plus tempéré.

Le boisement des bords du Sebaou de Sikhen ou Meddour à l'entrée de la gorge, et de Bou Khalfa au Bordj Sebaou, en assainissant le pays, aurait l'avantage de lui donner une ressource dont la pénurie se fait déjà sentir : le bois de chauffage et de construction.

On pourrait planter de bosquets épars le marais de Silkhen ou Meddour et de Dra ben Khedda. L'Eucalyptus viendrait à merveille, et son effet serait plus prompt et plus sûr que des tranchées, qui auraient l'inconvénient de former autant de petits marais, et seraient bientôt comblées; un drainage coûtera aussi cher qu'une plantation, et l'effet sera de courte durée à cause de la nature du sol. L'Eucalyptus jouit encore de la propriété à peu près incontestée d'absorber les effluves marécageuses. On a remarqué, en effet, que sa plus grande croissance a lieu pendant la période de l'année qui donne le plus de fièvres intermittentes. Ses feuilles possèdent un grand pouvoir absorbant, et en font l'arbre d'assainissement par excellence.

Avec un climat plus doux, renaîtraient l'activité et la vie. A l'époque des fortes chaleurs, on émigre ; on fuit ce sol torride, le souffle brûlant du sirocco et la *malaria*. A la fin de l'été, les habitants qui ont échappé à la fièvre sont anémiés, les femmes chlorotiques, soit par l'action débilitante de la chaleur excessive, ou des fonctions exagérées de certains organes ; soit par l'alimentation insuffisante occasionnée par la fatigue des fonctions digestives, qui n'admettent bien souvent que très peu d'aliments, et le manque de légumes qui font entièrement défaut dans la localité.

L'innervation organique étant déprimée, affaiblie, sous la double influence de la chaleur excessive et de l'intoxication miasmatique, il en résulte des troubles de la nutrition, de la digestion, de l'hématose, en un mot des fonctions de réparation et excito-motrices, qui déterminent l'altération des éléments essentiels du sang, et l'engorgement passif des organes parenchymateux. De là, indurations, hypertrophies, hépatisations, splénisations, infiltrations séreuses, hémorrhagies, suffusions sanguines, hydropisies locales ou générales, qui peuvent aboutir à l'hydropisie méningienne.

DIVISION ADMINISTRATIVE

Tizi-Ouzou est le chef-lieu de l'arrondissement, comprenant les territoires de Dellys, de Dra-el-Mizan de Fort-National. C'est le lieu de résidence du Sous-Préfet (décret du Président de la République du 11 septembre 1873) ; d'un lieutenant de Gendarmerie, ayant sous ses ordres deux brigades; c'est le siège du Tribunal de première instance (décret du président de la République, 29 août 1874), de la Justice de paix, du Bureau de l'Enregistrement, des Domaines, des

Postes, de l'Ingénieur ordinaire des Ponts-et-Chaussées, d'un Brigadier forestier.

La garnison occupe le Fort ; elle se compose d'une compagnie de tirailleurs algériens, sous les ordres d'un capitaine faisant fonctions de commandant d'armes, d'une section de chasseurs à pied, d'un détachement du train, d'un hôpital militaire ayant 72 lits, destinés à la garnison et à la population civile.

Tizi-Ouzou est divisé en commune de plein exercice et en commune mixte. Les communes de plein exercice sont dirigées par un Maire, nommé par le Pouvoir exécutif; les communes mixtes par un Administrateur nommé par le Gouverneur général ; le Sous-préfet régit la commune mixte de Tizi-Ouzou.

Statistique. - Population.

Population européenne	Tizi-Ouzou.	Hommes.	411	1011	1147
		Femmes.	270		
		Enfants..	330		
	Bou-Khalfa	Hommes.	35	136	
		Femmes.	31		
		Enfants..	70		
Population indigène	Tizi-Ouzou et Belloua	Hommes.	489	2192	3622
		Femmes.	544		
		Enfants..	1159		
	Bou-Khalfa	Hommes.	200	700	
		Femmes.	207		
		Enfants..	293		
	Abit Chem-lal et Rahlia	Hommes.	210	730	
		Femmes.	220		
		Enfants..	300		

Mouvement :

Nombre de mariages............ 7

Naissances légitimes..
$\left\{\begin{array}{l}\text{Sexe masculin } 16 \\ \text{Sexe féminin.. } 14\end{array}\right\} 30$

Naissances naturelles.
$\left\{\begin{array}{l}\text{Sexe masculin } 3 \\ \text{Sexe féminin.. } 2\end{array}\right\} 5$

$\left.\vphantom{\begin{array}{c}1\\2\\3\end{array}}\right\} 35$

Nombre de décès . ..
$\left\{\begin{array}{l}\text{Sexe masculin } 25 \\ \text{Sexe féminin.. } 7\end{array}\right\} 32$

Recrutement 1876 :

Nombre d'inscrits................ 3

Exempts. .
$\left\{\begin{array}{l}\text{Pour défaut de taille.............. } 1 \\ \text{Pour vice de conformation.......... } » \\ \text{Soutien de famille................. } 1\end{array}\right.$

Population générale de l'arrondissement :

	Européens	Indigènes
Hectares....................	29 101	144.449
Hommes....................	2.007	39.065
Femmes	1.699	41.450
Enfants (moins de 15 ans)....	1.806	60.399

Etendue du territoire agricole :

Nature des cultures	Européens		Indigènes	
Blé tendre...............	5.160	hect.	1.751	hect.
Blé dur...............	8.836	—	25.468	—
Seigle................	100	—	»	—
Orge................	1.961	—	18.671	—
Avoine...............	407	—	50	—
Maïs	406		229	—
Fèves	1.027	—	3 298	—
Bechna ou dra........	6.230	—	9.648	—
Tabac...............	90	—	210	—
Lin et chanvre.......	»		215	—

Apiculture :

Espèces	Européens	Indigènes
Apiculteurs.	44	887
Nombre de ruches ..	6.107	7.916
Miel récolté (kilog.) .	106	27.981
Cire (kilog.)...........	38	23.826

Bestiaux.

Race	Européens	Indigènes
Chevaline.............	380	853
Mulassière	372	2.567
Asine	475	3.100
Chameaux....	»	99
Bovine	4.064	28.835
Ovine	5.178	63.137
Caprine	848	34.714
Porcine.............,	2.661	»

Cultures.

Nature	Européens	Indigènes
Prairies artificielles.....	»	»
Prairies naturelles.....	353 hect	»
Vignes................	54 —	126 hect.
Bois et forêts	»	6.482 —
Broussailles et terres in-cultes	»	6 009 —

VOIES DE COMMUNICATION

Tizi-Ouzou est en communication directe avec Alger par une belle et grande route, que parcourent des diligences assez confortables de la compagnie Boniffay et quelques voitures particulières. Cette route fournit, au village d'Azib-Zamoun, un embranchement sur Dellys, desservi par la même compagnie. On peut aller directement de Tizi-Ouzou à Dellys par la montagne, mais ce chemin n'est pas encore une route. Il est à désirer que des travaux soient entrepris dans ce but, car ce serait un utile débouché et une grande ressource alimentaire pour Tizi-Ouzou, qui pourrait s'approvisionner l'été de légumes et recevoir la marée.

La route d'Alger à Tizi-Ouzou se continue jusqu'au Fort-National ; elle serpente sur les crêtes et les vertèbres des contreforts des Beni Raten, taillée sur le bord d'immenses précipices, dominant de magnifiques panoramas, qui émerveillent le voyageur à chaque tournant. Elle fut construite, en 25 jours, par les soldats de l'Expédition de 1857, parfois sous les balles meurtrières des Kabyles.

Il est une autre route qui n'est qu'amorcée, et dont le tracé a été fait, en 1873, de Tizi-Ouzou à Bougie, à travers les mamelons de la rive droite du Sebaou. Elle est entièrement abandonnée : c'est fâcheux, car en donnant à Tizi-Ouzou une communication carrossable avec deux ports de mer, et la province de Constantine, on aurait accru certainement ses ressources et sa population. Les montagnes de la Kabylie, les massifs des Maâtka et même le Belloua renferment beaucoup de gîtes métallifères, qui seraient exploités s'il était possible d'obtenir un débouché.

Quelles sources de prospérité pour ce centre de population, admirablement choisi pour la garde de la Kabylie, si on lui donnait des bois, des canaux, des routes sur Dellys et Bougie ! Le flambage de 1871 avait brûlé la misère qui le rongeait : il aura bientôt dévoré ses propres ressources devant les difficultés croissantes de la vie matérielle. — Si une puissance tutélaire ne lui vient en aide, il marchera rapidement dans la période de déclin déjà commencée.

Un chemin muletier, à travers les massifs des Maâtka, relie Dra-el-Mizan et Tizi-Ouzou : ce chemin deviendrait fort utile si on exploitait la richesse minérale de ce massif.

On a parlé, quelquefois, d'un chemin de fer d'Alger à Bougie par Tizi-Ouzou. Beaucoup de raisons militent en sa faveur ; ce serait certes bien préférable à une route, mais ce n'est qu'un projet, et, bien souvent, les projets ont une étroite parenté avec les songes qui fuient au lever de l'aurore.

COMMERCE

La population de Tizi-Ouzou est d'environ 1.200 habitants, très-hétérogène, cosmopolite comme celle de presque toutes les colonies de l'Algérie ; elle se compose principalement de Méridionaux, d'Alsaciens, de quelques Juifs et des Indigènes de la Zmala. Son type, son tempérament et son caractère sont donc aussi variés que son origine, et, pour ce motif, ne peuvent être compris dans une seule définition. Elle n'a ni commerce ni industrie, on y fait un peu d'huile, très peu de vin, qui cependant serait bien plus profitable que la culture des céréales.

Ce sont, pour la plupart, des ouvriers artisans, des débitants de boisson ou des marchands de denrées alimentaires : le colon cultivant sa concession ou en retirant un produit par ses propres soins ou sa direction, n'existe presque pas. Quelques-uns ont des fermes qu'ils exploitent; mais, généralement, la terre est donnée en location aux Kabyles, et les propriétaires tiennent boutique à Tizi-Ouzou.

Si l'on excepte quelques moulins à blé ou à huile, tout le petit commerce est fait par les Juifs, qui trafiquent de toute chose, et par les Kabyles, qui viennent le jour de marché vendre ou échanger leurs denrées.

Sur le bord de la route d'Alger, avant son entrée au village, on a réservé un grand emplacement où se tient, le samedi, le marché: c'est le *Souk el-Sebt*. Ce jour là, les Kabyles descendent en foule de la montagne, les uns pour échanger ou vendre, d'autres pour flâner. Ils apportent des œufs, des poules, des figues fraîches ou desséchées et tassées en pain; des glands doux, dont la farine mélangée à celle de l'orge sert à faire du couscous; des poires, des grenades, des oranges, des raisins de table délicieux ; du miel, de la cire, de l'huile, du savon, du blé, de l'orge, du bechna, des fèves ; les Juifs vendent des étoffes pour vêtements. On y trouve des nattes, des poteries d'un cachet fort original, quand ce n'est pas un mauvais pastiche de notre art, rappelant presque toujours les vases romains ou étrusques; des poignards incrustés de filigrane de cuivre ou ornés de mâchures formant des arabesques; les fourreaux, en bois, sont parfois très artistement ouvrés, et les lames très bien brasées dans des poignées de cuivre. Les Beni Yenni et les Beni Fraoucen se livrent particulièrement à cette industrie, mais les premiers montrent plus d'art et d'habileté.

Sur la route de Fort-National, on fabrique des bijoux en argent, émaillés avec un verre coloré par le cobalt, incrustés de larmes d'argent mat pour imiter des perles, et de fragments de corail: c'est le Tabzimte Kabyle ou le Bzima des Arabes, porté sur le front par les femmes mères d'un garçon. On fabrique des bracelets, des triangles découpés dans une lame d'argent, servant de broche pour retenir les vêtements sur la poitrine ou l'épaule, nommés Ibzimen par les Kabyles et Bsaïm par les Arabes; des colliers, des bagues, etc. Tous ces bijoux n'ont pas une grande valeur; quelques-uns sont fort curieux, lorsqu'ils rappellent l'art antique. Dans certaines maisons, les femmes Kabyles tissent des burnous, des haïks, laine et soie, parfois fort jolis. Ce travail est très long, parce qu'il est fait à la main par une ou deux femmes. Généralement, ils sont destinés à une personne de la maison.

Dans une autre partie du marché se fait la vente des bestiaux : bœufs, moutons, chèvres, ânes, mulets. C'est là qu'est placée la boucherie. Un Kabyle achète

un bœuf ou un mouton, l'amène à deux pas, lui coupe
la gorge et abandonne l'animal dans les convulsions
de l'agonie pendant qu'il conclut un nouveau marché;
puis il les suspend à une perche, les dépouille, les dé-
pèce et les livre aux chalands. Il faut se hâter, débiter
rapidement sa marchandise, la renouveler, car la
journée n'est pas longue.

Aussi il faut voir comme on se dépêche, comme ces
pauvres bêtes sont vite jetées à terre, la gorge largement ouverte, sans même se donner la peine de les
entraîner dans un coin; quelquefois, elles sont abat-
tues sur le lieu même de la vente.

C'est bien là une vraie boucherie, avec toutes ses
horreurs, sa cruauté, ses dégoûts, au milieu du pu-
blic. Le marché fini, chacun regagne par bande son
village; les traficants d'Alger, accourus avec des sor-
tes d'omnibus, s'en retournent avec leurs voitures
pleines de marchandises troquées ou achetées, et
chargées de marchands, faisant produire un coin inoc-
cupé de leur carriole. La place n'est pas encore vi-
dée, qu'on voit accourir des bandes de *charognards*.
Ils vont faire liesse, le sol est largement pourvu de
sang, d'entrailles, de débris de chairs. Aussi, une fois
attablés, ils ont peine à se déranger devant le passant, qui ne leur fait aucun mal, sachant que sans
leurs bons soins officieux, ce lieu serait au prochain
marché un endroit d'infection. A la nuit, commence
le banquet des chacals; cris de joie et disputes, rien
n'y manque, on les entend de loin.

Quelque zèle, quelqu'empressement qu'ils mettent à
remplir la tâche qu'on leur laisse, ce coin du marché,
aux abords du village, n'en est pas moins un lieu qui
mériterait une surveillance plus attentive, des soins
plus obligés, plus réguliers, d'agents plus spéciaux de
la municipalité.

Messieurs les chacals et les vautours font bien tout ce qu'ils peuvent, mais ils ne font pas tout ce qu'il serait nécessaire que l'on fît.

CURIOSITÉS

Le territoire de Tizi-Ouzou est entièrement dépourvu de ruines, de monuments antiques, de chefs-d'œuvre modernes ou de surprises merveilleuses que crée parfois le caprice de la nature. Cependant, on trouve des traces de quelques établissements romains chez les Beni Khalifa, au-dessus d'Abit-Chemlal, dans les oliviers, et du côté de Mekla ; mais ce ne sont guère que des épaves à peine susceptibles d'arrêter l'œil patient de l'archéologue. Le touriste y peut contempler des sites grandioses, des panoramas splendides, tels que la gorge du Sebaou, de l'Oued Aïssi, l'ascension du Belloua. Les pitons des Hossenaoua, Beni Zemenzer et Bouhinoun méritent bien que l'on gravisse leurs sommets. Le promeneur a des excursions moins fatigantes, offrant beaucoup de charmes et bien des agréments, comme la Fontaine des Oliviers dans la gorge de l'Oued-Medouah, au-dessous de Bouhinoun ; l'entrée du Ravin de l'Oued-Sebt ; le Ruisseau des Cascades, sur le versant Nord du Belloua, derrière Bou Khalfa, fait remarquable par son lit de gneiss en cascades, d'une longueur de près de 200 mètres, c'est un site ravissant par la verdure qui l'entoure et le panorama que l'on domine ; la Fontaine des Orangers dans la gorge du Sebaou.

La route qui y conduit, traverse l'ancien camp du général Deligny, restauré et embelli par le 112ᵉ régiment de marche envoyé en observation en 1871, pendant que le général Lallemand débloquait le Fort-National. Ces troupes, stationnées près d'un an, y

firent de nombreux travaux d'agrément et érigérent
une colonne commémorative portant cette inscription:
« Honneur et patrie ». Dernièrement quelques bergers
l'avaient renversée ; M. le Sous Préfet Olivier a aussitôt imposé à la tribu l'obligation de la relever dans
son plan primitif.

L'Itinéraire de l'Algérie indique l'existence d'une
Koubba, dans le passage qui fait communiquer les
deux cours du bordj turc de Tizi-Ouzou: on trouve là,
en effet, quatre colonnes taillées dans le pondingue à
grains fins, dont la forme du fût, du plinthe et des
chapitaux appartiennent au style arabe. Les recherches faites dans le pays n'ont pu fournir aucun ren-
seignement sur l'existence antérieure de cette Koubba.
Ces quatre colonnes, placées à l'entrée du passage
doivent être considérées comme une ornementation de
la porte d'entrée du bordj du temps des Turcs. Car la
grande porte et la vasque placées sur la façade Ouest
ont été construites en 1857-1858 ; il en est de même de
tout le bâtiment qui enclot aujourd'hui la façade Est,
dans laquelle est ouvert ce passage, qu'il faut considérer comme l'unique porte que possédait le vieux
bordj. On voit encore aujourd'hui une disposition ana-
logue à la porte du bordj Sebaou.

JUSTICE

L'installation du tribunal à Tizi-Ouzou a été sous
bien des rapports une idée heureuse. C'est peut-être
le plus puissant levier que possède notre civilisation
pour pénétrer dans la Kabylie, et nous concilier ce
peuple si différent de nous par ses mœurs, ses usages
et ses coutumes. L'Indigène y trouve, en effet, la reconnaissance du droit commun, un recours contre l'arbi-
traire ou plus puissant que lui. C'est aussi une cause

de développement et de relief pour la colonie française.

Le tribunal, comme l'église, ces deux symboles de la civilisation d'un peuple, devrait être un grand bâtiment, mieux situé, plus aplani, de sorte qu'en le voyant du haut de la montagne, le Kabyle puisse dire : C'est là qu'on rend la justice !

Résumé des travaux pendant l'année 1877 :

Affaires civiles portées devant le tribunal......	576
Affaires correctionnelles.	216
Affaires commerciales.......................	46
Affaires de justice de paix { Correctionnelles....	48
{ Civiles	321
Appels musulmans portés devant le tribunal...	340

www.ingramcontent.com/pod-product-compliance
Lightning Source LLC
Chambersburg PA
CBHW070930280326
41934CB00009B/1812